5000만 원으로

잘나가는

네일숍 창업하기

5000만 원으로 잘나가는 네일숍 창업하기

한국창업컨텐츠연구소(KSCP) 지음

한스미디어

네일숍 창업, 나도 할 수 있을까?

경기가 어려워지니까 부쩍 네일숍 창업을 해보고 싶다는 이들이 많아졌다. 얼마 전까지만 해도 치킨 전문점, 프랜차이즈 제과점 창업이 붐이었는데 이들 점포가 늘면서 경쟁이 치열해지자 또 다른 유망 업종으로 네일숍이 주목받는 것이다.

네일숍은 시장 규모가 큰 창업 아이템일까? 통계청에 따르면 뷰티서비스 산업은 시장 규모가 2005년 3조 4030억 원에서 2011년 4조 9710억 원으로 성장세가 50퍼센트나 상승했다. 이는 사업자와 매출을 각각 합산해 집계한 것으로 실제 산업 규모는 이보다 훨씬 크다. 네일숍의 전망을 예측한다면 분명 그 어느 업종보다 밝다고 할 수 있다. 미용 산업은 시장 규모가 꾸준히 증가하고 있다. 네일아트는 이제 여성들의 필수 뷰티 아이템으로 자리 잡은 만큼, 기술의 차별화를 통해 꾸준히 부가가치를 올릴 수 있는 업종이다.

뷰티 산업이 성장하면서 네일숍 역시 꾸준히 수요가 늘어나

는 추세다. 네일아트를 포함한 뷰티서비스 산업이 대부분 자영업 형태로 이뤄진다는 것도 소자본 창업자들에게 유리한 점이다. 소규모 네일숍을 운영하면 초기 투자비용이 많이 들지 않고, 직원을 고용하지 않은 1인 창업으로도 수익을 낼 수 있어서 창업 경험이 없는 이들도 도전해볼 만하다.

하지만 이러한 긍정적인 신호만 보고 네일숍 창업을 쉽게 생각해서는 안 된다. 네일아트 분야를 잘 모르면서 시장성 하나만 보고 네일숍 창업을 하는 사람도 있다. 전문 네일리스트를 고용하면 네일숍을 쉽게 경영할 수 있으리라고 생각하기 때문이다. 실제 네일숍을 운영하는 일은 생각보다 만만치 않다. 네일숍 창업자들은 하나같이 "네일숍은 절대로 만만하게 보고 뛰어들 사업이 아니다"라고 말한다. 네일숍 경험이 없는 이들이 '돈 되는 아이템'이라고 쉽게 뛰어들었다가 시행착오를 거듭하며 결국 손해를 입고 문을 닫는 경우가 비일비재하다.

네일숍은 분명 성공 가능성이 높은 소자본 창업 아이템이지만 투자한다고 저절로 돈이 벌리는 사업이 아니다. 소자본 창업이라고 해서 우습게 봐서는 안 된다는 얘기다. 퇴직금이나 여유 자금으로 편하게 돈을 벌어보겠다고 접근했다가는 큰코다칠 수 있다. 설령 자금 여건이 넉넉하여 남들보다 손쉽게 창업했어도 매출을 꾸준히 유지하려면 그야말로 피나는 노력을 해야 한다. 결국 네일숍 창업 역시 창업자의 기술과 탄탄한 노하우가 뒷받침되어야 성공할 수 있다는 점에서 여타 업종과 크게 다를 바가 없다.

모든 업종이 마찬가지겠지만 네일숍 창업 역시 자신의 노력과 방법에 따라서 다양한 형태의 생존 전략이 생긴다. 업계 전체 매출이 높아도 장사가 안되는 네일숍이 있으며, 경기가 안좋을 때도 손님이 줄지 않는 매장이 있다. 중요한 점은 창업자가 네일숍을 운영하며 고객과 어떻게 소통할 것인가, 가게에 오는 고객을 어떻게 만족시킬 것인가이다.

이 책은 남다른 창업 정신으로 고객을 맞을 준비가 된 예비 창업자를 위한 책이다. 네일숍 창업의 핵심적인 내용을 담고 있는 1부에서는 창업 유형별로 특징이 다른 네일숍 여덟 군데를 취재한 뒤 창업 노하우를 분석했다. 각 매장의 창업 필살기와 경쟁력, 예비 창업자에게 주는 조언을 담았다. 2부에서는 네일숍 창업 과정에서 꼭 필요한 정보만 추려서 실제 창업을 준비하는 사람이 실전에서 곧바로 써먹을 수 있도록 했다. 이론만 강조하는 창업 책과 달리, 이 책은 실제 창업에 바로 활용할 수 있는 지침서로 삼을 만하다.

여기에 실린 내용이 네일숍 창업의 모범 답안이라고 할 수는 없다. 창업을 실제 준비해본 사람은 알겠지만 이론과 현실은 엄연히 다르다. 하지만 네일숍 창업을 준비하는 이들이 참고할 만한 유용한 길잡이가 될 수 있을 것이다.

Contents

들어가며 네일숍 창업, 나도 할 수 있을까? • 4

네일숍 창업자를 위한 체크리스트 • 10

Part 01
사장님이 들려주는 리얼 창업 스토리

01 속눈썹 전문점 숍인숍 | 신촌 베로니카네일 • 14

시술 능력과 매출의 관계

02 로드숍 | 중구 네일갤러리 • 28

동네에서 가까운 네일숍

03 미용실 숍인숍 | 인천 보라네일 • 40

숍인숍 창업은 인맥이 힘이다

04 아트 전문 네일숍 | 동대문 아티스트네일 • 54

개성 있는 네일숍으로 승부하라

05 오피스텔 네일숍 | 압구정동 살롱 엘루씨 • 68

룸타입 네일숍의 전망

06 출장 네일 | 인천 손톱공장 • 82

찾아가는 네일아트 서비스

07 네일 카페 | 동작구 로제타네일 • 96

팔방미인을 위한 창업

08 백화점 숍인숍 | 포쉬네일 모란점 • 110

네일케어에 힐링을 더하라

Part 02

실전에서 바로 써먹는 알짜배기 창업 수칙

01   나만의 네일숍 어떻게 창업할까? • 126
    고객이 왜 우리 매장을 선택해야 하는가? • 129

02   네일 업계를 아시나요? • 134
    네일숍 창업의 전망 • 138

03   네일리스트 자격증 따기 • 142

04   숍인숍이냐 로드숍이냐, 그것이 문제로다 • 148
    창업비 줄여주는 네일 협동조합 • 157

05   입지 선정만 잘해도 절반은 성공 • 160
    점포 계약 시 주의사항 • 165

06   초기 비용, 얼마를 투자해야 할까? • 170
    합리적인 시술 가격 정하기 • 174
    회원권 남용하면 매출에 타격 • 178

07   단골 확보는 네일리스트에게 달렸다 • 182
    네일숍 홍보는 선택이 아닌 필수 • 189

08   우리 가게에 꼭 맞는 네일리스트 뽑기 • 194

네일숍 창업자를 위한
체크리스트

마음가짐

- 사업가로 성공하겠다는 강한 의지가 있는가?
- 고객지향적인 사고를 가지고 있는가?
- 시장 조사는 충분히 해보았는가?
- 네일숍 사업자와 상담을 해보았는가?
- 자신이 선택한 아이템의 시장성을 검토해보았는가?
- 창업을 하기 위한 탐색과 정보 수집을 충분히 했는가?
- 하루에 12시간 이상, 일주일에 6일 이상 일할 자신이 있는가?
- 치열한 경쟁에서 살아남을 자신이 있는가?

아이템 선정

- 자신의 적성에 맞는 아이템인가?
- 마진율을 철저하게 따져보았는가?
- 유행에 영향을 받는 아이템은 아닌가?
- 관리와 운영을 쉽게 할 수 있는 아이템인가?
- 해당 아이템에 대한 지식과 경험이 충분한가?
- 해당 아이템의 차별화된 경쟁력을 갖추고 있는가?
- 해당 아이템의 향후 발전 가능성을 검토해보았는가?

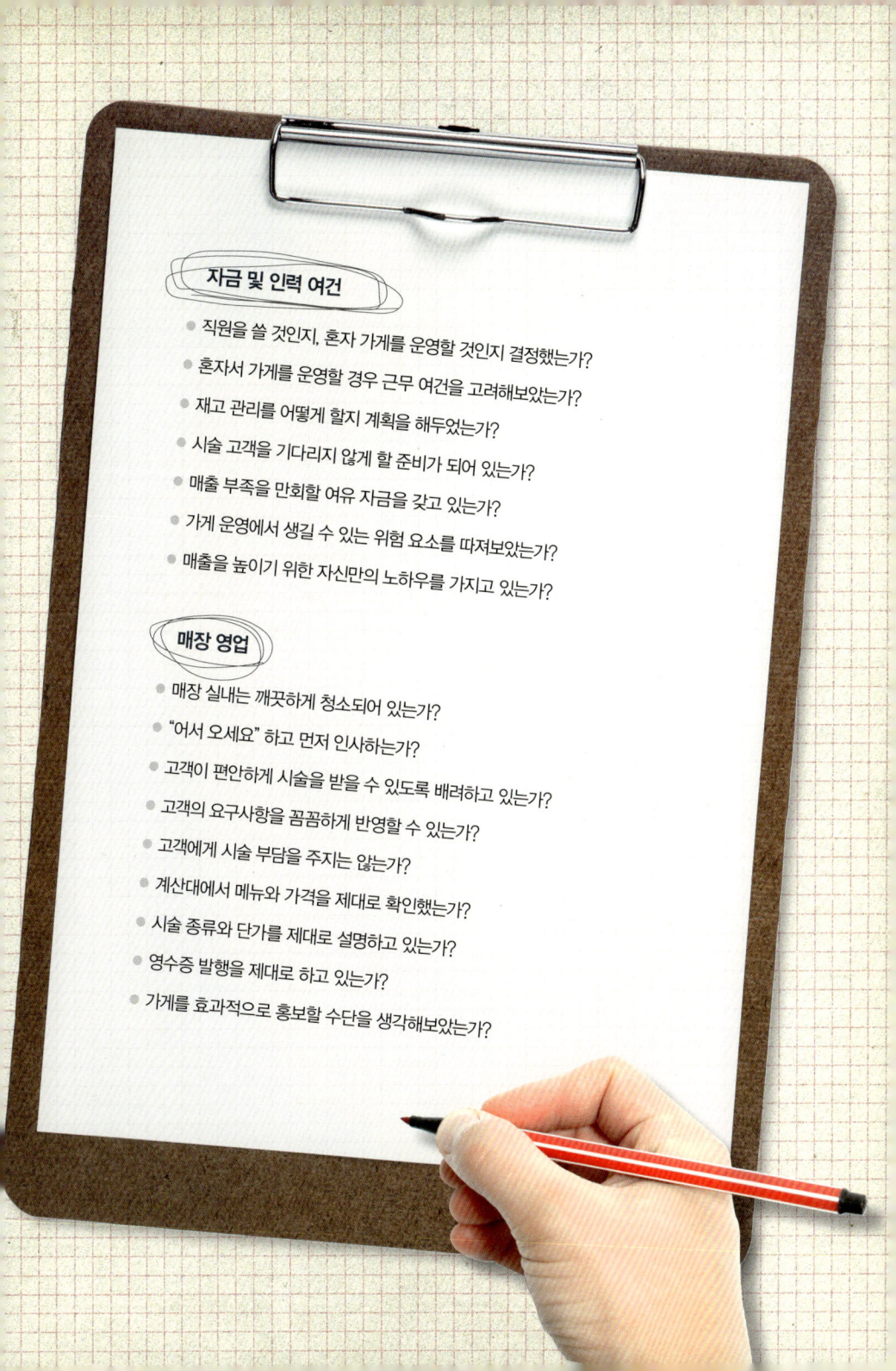

자금 및 인력 여건

- 직원을 쓸 것인지, 혼자 가게를 운영할 것인지 결정했는가?
- 혼자서 가게를 운영할 경우 근무 여건을 고려해보았는가?
- 재고 관리를 어떻게 할지 계획을 해두었는가?
- 시술 고객을 기다리지 않게 할 준비가 되어 있는가?
- 매출 부족을 만회할 여유 자금을 갖고 있는가?
- 가게 운영에서 생길 수 있는 위험 요소를 따져보았는가?
- 매출을 높이기 위한 자신만의 노하우를 가지고 있는가?

매장 영업

- 매장 실내는 깨끗하게 청소되어 있는가?
- "어서 오세요" 하고 먼저 인사하는가?
- 고객이 편안하게 시술을 받을 수 있도록 배려하고 있는가?
- 고객의 요구사항을 꼼꼼하게 반영할 수 있는가?
- 고객에게 시술 부담을 주지는 않는가?
- 계산대에서 메뉴와 가격을 제대로 확인했는가?
- 시술 종류와 단가를 제대로 설명하고 있는가?
- 영수증 발행을 제대로 하고 있는가?
- 가게를 효과적으로 홍보할 수단을 생각해보았는가?

Part

사장님이
들려주는
리얼 창업 스토리

Veronica Nail

속눈썹 전문점 숍인숍 | 신촌 베로니카네일

시술 능력과 매출의 관계

○ **이름** 베로니카네일
○ **위치** 서울 서대문구 창천동
○ **개업** 2010년 8월
○ **투자금** 4800만 원
○ **규모** 28평
○ **메뉴** 손젤 3만 5000~6만 5000원, 패디젤 4만 5000~7만 5000 원

네일리스트는 네일 시술을 하는 것 못지않게 고객과 대면하는 게 중요한 직업이다. 고객에게 기가 눌리거나 상황의 주도권을 뺏기기라도 하면 작품이 제대로 나오기 어렵다. 고객이 원하는 섬세한 그림을 손톱에 그려넣는 '아트 전문'이라면 더더욱 그렇다.

네일숍에서 이뤄지는 시술을 '네일아트'라고 부르는 이유는 시술자에게 그만한 예술적 역량이 필요하기 때문이다. 손끝에 있는 작은 캔버스에 뭔가를 그려넣는다는 건 집 안을 꾸미는 것과는 다른 일이다. 자그마한 손톱에 캐릭터 그림을 섬세하게 그려넣는 모습을 보고 있으면 네일아트가 '예술'이라는 생각이 절로 든다.

김문정 사장은 헤어숍에서 일하다가 네일리스트로 전업한 경우다. 28세 나이로 남들보다 늦게 네일을 시작했지만, 좋아하는 일은 누구보다 잘할 자신이 있었기에 네일리스트를 직업으로 선택했다. 헤어 시술을 할 때 고객을 세 명만 상대해도 기운이 빠졌는데 네일은 시간 단위로 고객이 바뀔 때가 잦아서 늘 긴장 상태라고 한다.

그는 네일아트 아카데미에서 기본 기술을 배우고 꾸준히 네일아트 세미나를 찾아다니며 실력을 쌓았다. 처음엔 집에서 블로그 하나만 개설해놓고 손님을 받았다. 입소문으로 단골이 늘어나면서 집 근처였던 경기도 광명시에 있는 한 피부숍에 숍인숍 형태로 영업을 시작했다. 보증금 200만 원에 35만 원씩 세를 주고 매달 400~500만 원가량 제법 쏠쏠한 매출을 올렸다.

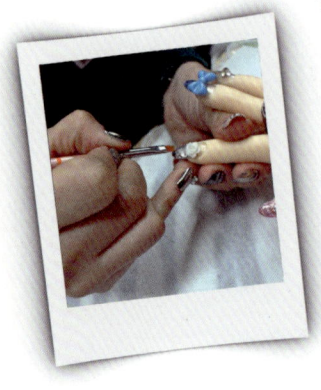

가격이 싸면서도 서비스를 아끼지 않는다는 게 김문정 사장만의 영업 방침이다.

..

김문정 사장은 아무리 근사한 네일 시술도 가격이 비싸면 여자들이 외면한다는 사실을 잘 알고 있었다. 값이 싸면서도 서비스를 아끼지 않는다는 게

17

재료비를 아끼지 않는 것은 영업에
재투자하는 것과 같다.

김문정 사장에게 혼자서 영업을 한다는 건 시간과의 싸움이다.
다양한 브러시로 꽃그림이나 빈티지 스타일 등 고객이 원하는 그림을 그려낸다.

그의 영업 방침이다. 창업 당시 젤 시술 가격
은 다른 곳보다 저렴한 4만 원이었는데도 그
는 과감하게 1만 원을 더 깎았다. 싸게 하는
대신 한 손님이라도 더 받자는 생각이었다.
싸면서 질도 좋고 서비스도 좋은 젤 네일 시
술을 해주는 것만이 승산이 있으리라고 판
단했다.

혼자서 네일아트 시술을 하는 이들은 보
통 오피스텔을 빌리거나 숍인숍 형태로 영업
한다. 임대료 부담을 줄이고 고객을 더 많이
확보하기 위해서다. 숍인숍 형태로 영업할 때는 주로 피부숍이
나 속눈썹 전문점에 들어가지만 한 공간 안에서 서로 다른 영
역이 부딪힐 때도 있다. 네일숍과 피부숍은 서로 궁합이 잘 맞
지 않는다. 네일숍은 손님과 계속 대화를 주고받으며 화기애애
한 분위기를 만들어야 하지만 피부숍 손님들은 조용한 분위기
를 선호한다. 때로는 피부 관리 시술을 받다가 잠든 손님의 눈
치를 봐야 할 때도 있다.

실무 과정을 꼭 거쳐라
네일아트를 배울 때는 보통 네일 학
원에 가지만 실무 위주의 강습을
배우려면 개인 강습이 더 효과적
이다. 네일 교육은 내용을 듣는 것
도 중요하지만 실제로 시술하는 장
면을 옆에서 봐야 배울 점이 많다.
손님을 대하는 방법이나, 기술적인
부분을 섬세하게 배우려면 매장으
로 직접 찾아가는 게 좋다.

· ·

피부숍에서 처음 영업을 시작했던 김문정 사장은 결국 이
불화를 견디지 못하고 가게를 따로 얻었다. 보증금 500만 원에
임대료 70만 원을 내면서 1년 동안 영업했지만 이번에도 자리
를 잡기는 쉽지 않았다. 이때 그는 입지를 정할 때 고객의 편의
에 초점을 맞춰야 한다는 걸 배웠다. 그다음에는 신촌역에서

가까운 어학원 건물 지하로 네일숍을 옮겼다. 홍대 주변과 달리 네일숍이 많지 않다는 점을 겨냥해 속눈썹 전문점에 숍인숍 형태로 입점했다.

· ·

젊은 층 유동 인구가 많은 신촌에서 영업을 시작했지만 초반에 자리를 잡도록 도와준 건 단골들이었다. 김문정 사장과 인연을 맺은 고객들은 가게를 옮길 때마다 저 멀리 의정부나 분당에서도 찾아왔다. 그만큼 실력을 인정받고 고객 관리를 잘했다는 뜻이다. 독단적이고 자기 스타일을 확고하게 고집하는 그를 단골은 있는 그대로 인정해준다. 그는 네일아트에 대한 자부심이 크기에 자기 실력을 인정해주는 고객들하고만 오래 거래하고 싶어한다.

손이 많이 가는 네일아트에서 저가 시술로 영업하려면 시간과의 싸움에서 늘 이겨야 한다. 그래야 자기 인건비를 만들 수 있기 때문이다. 하루에 혼자서 소화할 수 있는 고객은 10명으로 한정돼 있다. 100퍼센트 예약제로 운영되는 것도 그 때문이다.

고객들은 주로 20대 후반에서 30대 초반의 직장인들이다. 요즘 같은 무한 경쟁 시대에는 최대한 영업을 효율적으로 할 수 있는 방법을 고민해야 한다. 김문정 사장은 재료비와 인건비를 고려했을 때 혼자서 네일숍을 하는 이들에게는 숍인숍 형태가 가장 알맞다고 말한다.

· ·

그는 작은 매장일수록 영업 규칙이 중

다른 숍보다
빠르게
작업해요

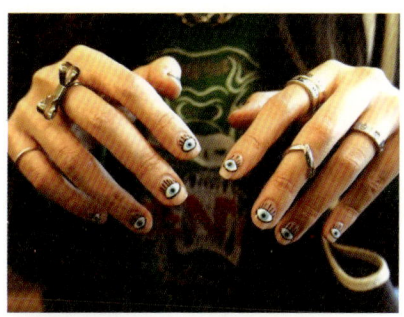

Points!

선반을 이용해 좁은 공간에서도 재료를 효율적으로 배치했다.
블로그를 통해 작품 사진을 올리며 고객과 소통한다.

요하다고 귀띔했다. 고객에게 서비스를 무한
정 제공하다 보면 요구가 점점 많아질 수 있
고, 고객과 허물없이 지낸다는 이유로 값을
깎아주면 '자원봉사'가 될 수 있다는 얘기다.
서비스 범위와 가격 기준을 명확히 하고 부
당한 요구를 끝도 없이 하는 고객에게는 단
호한 태도를 보일 수 있어야 한다.

네일리스트는 고객이 원하는 걸 모두 들어
주기보다 고객에게 어울리는 시술을 끝까지
고집할 수 있어야 한다. 가령 파란색이 안 어

창업 시크릿

세미나에 참석하라
예술적인 감각을 키우려면 네일 재
료업체에서 주관하는 세미나에 간
다. 세미나 참석 비용은 1만 원에서
10만 원까지 다양한데 네일아트 업
계의 유용한 정보를 듣고 실제 네일
아트 실습도 해볼 수 있다. 무엇보
다 네일숍 원장들과 인맥이 생긴다.
이런 인맥은 나중에 가게를 열 때
상당한 도움이 된다.

울리는 손님이 유행 컬러라는 이유로 파란색을 고집해도 그 고
객에게 어울리는 색을 권하고 설득할 수 있어야 한다. 네일 시
술의 완성도는 70퍼센트 이상이 색에서 결정되므로 어떤 색을
권할지 신중해야 한다는 얘기다.

숍인숍 창업은 사람을 잘 만나야

베로니카네일은 5~6평 남짓한 작은 공간이지만 친근하고
편안한 공간으로 꾸미기 위해 노력한 흔적이 곳곳에 보인다.
베로니카네일이 입점하기 전부터 숍인숍으로 네일숍을 운영했
던 곳이라 인테리어에 따로 돈을 들이지 않았다. 몇몇 집기와
재료 구매비만 들었기에 창업 투자 금액은 그리 크지 않았다.

김문정 사장은 속눈썹 전문점에서 네일아트를 함께 시술받

베로니카네일 메뉴판

고 가는 경우도 있고 그 반대의 경우도 있어서 숍 인숍 창업의 시너지 효과는 충분하다고 설명했다. 숍인숍은 기본적으로 먼저 입주한 가게의 영업 방침을 따르도록 돼 있다. 헤어숍에 입점할 경우 헤어숍의 영업시간을 따라야 하고, 휴무일 역시 헤어숍 기준이 우선이다. 하지만 베로니카네일이 입점한 곳은 사장이 영업 제약을 따로 두지 않아 영업하기가 수월하다. 공식적으로는 일요일이 휴무일이지만 김문정 사장이 원한다면 영업해도 상관없다. 그래서 그는 지금의 속눈썹 전문점과 함께 영업하는 게 제일 좋다고 한다.

김문정 사장은 운영 초기 월 순수익 200만 원에서 시작해 지금은 300~350만 원대의 수익을 올리고 있다. 수익이 많다고 재료비를 아끼는 것은 금물이다. 그는 여전히 발색이 좋고 제품 수명이 긴 재료만 사용한다. 한 번 재료를 구입할 때 30~40만 원씩 지출하고 있다.

· ·

창업 초창기에 단골을 중심으로 손님을 끌었다고 하지만 홍보 활동도 무시 못 한다. 요즘도 소셜커머스 사이트를 통해 50퍼센트 할인 이벤트를 진행하며 베로니카네일을 알리기 위해 노력한다. 안 그래도 낮은 금액으로 손님을 끄는데 단가를 더 낮춰도 되는 걸까? 가게 이미지를 생각해서 소셜커머스 광고를 안 하는 곳도 있지만 그는 잘만 활용하면 꽤 실속이 있다

고 믿는 쪽이다. 아직은 베로니카네일의 존재 자체를 모르는 고객들이 더 많기 때문이다.

가격이 싸다고 서비스 질이 떨어지는 건 아니다. 똑같은 시술을 하는데 가격을 싸게 받는다고 생각하면 사장은 일할 맛이 안 난다고. 손님이 네일숍에 와준 게 감사하고, 그 손님을 평생 단골로 만들겠다고 생각하면 가격이 낮다고 서비스 질이 떨어질 수가 없다.

시술을 진행하는 동안 예약 전화를 받을 수 없기 때문에 고객들이 불만을 표시할 때도 있다. 예약 고객이 점점 많아지면서 얼마 전엔 직원을 뽑았다. 김문정 사장은 시술을 직원과 분담해서 하고 남는 시간에는 고객 관리와 온라인 홍보에 신경 쓰면 지금보다 매출이 늘어날 수 있다고 확신한다.

그는 네일숍을 창업한 후에 매장에서 네일아트 강습을 병행하면 쏠쏠한 부대수입을 얻을 수 있다고 조언했다. 단골 중에는 네일 기술을 배우려는 예비 창업자도 있기 때문이다. 그는 그동안 2개월 과정으로 여섯 명에게 네일아트를 가르쳤다. 한 사람당 수강료로 200만 원을 받기 때문에 네일 시술 못지않게 중요한 수입원이 된다.

앞으로 네일숍이 더 번창할 것 같다고 조심스레 전망해본다. 김문정 사장 역시 헤어숍에서 일할 때까지만 해도 여자들이 네일아트 시술을 왜 받는지 이해를 못했지만, 지금은 시장 수요가 꽤 많다는 걸 안다. 기회가 된다면 국제자격증을 취득해 국내뿐 아니라 외국에서 네일숍을 차려보는 게 그의 꿈이다.

Points!

꽃그림이나
빈티지 스타일 등
고객이 원하는 그림을
1분 안에 그려내는 게
관건이다.

나만의 필살기

시술 시간을 효율적으로 줄인다. 기본 케어의 경우 30분 만에 시술을 끝내고 2만 원을 받는다. 섬세한 사선브러시 작업이 요구되는 프렌치 네일 시술의 경우에도 꽃그림이나 빈티지 스타일 등 고객이 원하는 그림을 1분 안에 그려낸다.

창업 비법 전수

숍인숍 창업을 할 때 가장 염두에 둬야 할 부분은 사람이다. 영업할 때 손님이든 함께 일하는 조력자든 사람과 융통성 있게 타협할 줄 알아야 한다. 사람과 인연이 틀어지면 일에 제약이 생겨서 손해를 볼 수도 있고, 최악의 경우 영업 외적인 면에서도 손해를 볼 수 있다. 네일아트 창업을 준비하는 사람으로는 되도록 사회 경험을 어느 정도 쌓은 이들이 적합하다.

장부 엿보기

김문정 사장은 운영 초기 월 순수익 200만 원에서 시작해 지금은 300~350만 원대의 수익을 올리고 있다. 혼자서 영업을 한 것치고는 수익이 꽤 높은 편으로 본인도 만족하는 수준.

매출액: 400만 원
재료비: 30~40만 원
임대료: 35만 원
월 순수익: 300~350만 원

Veronica Nail

Nail Gallery

로드숍 | 중구 네일갤러리

동네에서 가까운 네일숍

- ○ **이름** 네일갤러리
- ○ **위치** 서울 중구 신당동
- ○ **개업** 2012년 10월
- ○ **투자금** 4700만 원
- ○ **규모** 12평
- ○ **메뉴** 젤 기본 3만 2000원, 패디 기본 4만 8000원

한 업종에서 10년 가까운 세월 동안 일하다 보면 업계의 특성은 물론 유행이나 전망에 대해 시야가 넓어진다. 수많은 창업자의 흥망성쇠를 지켜봤던 네일 아카데미 기술교육 강사라면 간접경험에서 쌓인 노하우와 기술력으로 성공적인 창업을 할 가능성이 높아진다. 네일갤러리의 김지윤 사장이 그렇게 창업한 경우다.

네일회사 홍보직부터 네일아카데미 기술교육 강사까지 10년 경력을 쌓는 동안 김지윤 사장은 네일 아티스트를 직업으로 삼아온 사람들을 숱하게 만났다. 현장을 돌아다니면서 그가 보고 듣고 배운 것은 상권을 제대로 파악하는 법부터 매장을 어떻게 꾸려나가야 하는지에 관한 실전 이론이다.

그는 네일숍 창업에서 돌발 변수가 될 위험에 대해 잘 알고 있는 사람이다. 네일아트 기술이 탁월해도 직원과의 관계나 고객 관리를 제대로 못해 네일숍 경영에 실패한 사례들을 자주 접했기 때문이다. 수년 동안 남들에게 창업에 관한 조언을 했던 사람이 직접 창업해보겠다는 생각이 드는 건 자연스러운 일이다. 김지윤 사장은 기술에 관한 자신감과 창업에 대한 확신이 있었기에 '이쯤 되면 내 사업을 해도 되겠다'는 생각을 과감하게 행동으로 옮겼다.

그는 욕심을 부리기보다 현실적 요인에 최대한 신경을 썼다. 번화가가 아닌 집 근처에 10평 규모의 작은 네일숍을 창업했다. 번화가와 비교하면 유동 인구가 적지만, 아파트 단지가 있고 인근에 쇼핑몰 사무실이 밀집된 점을 노렸다. 안정적인 도매처를 만들고 믿을 만한 직원을 뽑고 인테리어를 하나씩 손보는 일은 쉽지 않았다. 그는 망하지 않겠다는 각오로 1년간 창업을 준비했다.

. .

네일숍이 반드시 번화가에 있을 필요는 없다. 권리금 부담이 적고 1년 동안 매출 편차가 크지 않은

고급스러운 분위기를 조성하려고 과감하게 벨벳 소파로 꾸몄다.

Points!

고객의 취향까지 파악하는 철저한 고객 관리가 강점이다.
사소한 인테리어 하나까지도 고급스럽게 꾸미려고 노력했다.

고객과 대면할 때는 친절함이 생명이다.
시간이 흐른 뒤에도 매니큐어가 벗겨지지 않도록 꼼꼼히 작업한다.

상권과 입지를 정하는 게 더 중요하다. 김지윤 사장의 목표는 고객 수요를 예측할 수 있는 곳에 가게를 여는 것이었다. 두 달간 시행착오를 거듭하다 포기하려던 찰나, 우연한 기회를 통해 신축 건물 1층 자리를 알게 됐고 현재 네일숍이 위치한 점포를 얻었다.

평균 권리금이 3000~4000만 원대로 형성돼 있는 장안동 상권에서 신축 건물에 입주함으로써 돈을 절약하고, 인테리어에 더 많은 돈을 투자한 것은 현명한 선택이었다. 물론 그보다 입지가 좋은 곳도 많았지만, 핵심 상권에서 한발 물러서 있더라도 영업 능력에 따라 고객을 끌어올 수 있는 입지를 택했다. 그는 가게 문을 열기 전 매장 주변 1킬로미터 이내에 있는 네일숍을 모두 둘러봤다. 자신이 후발 주자라는 걸 알았지만, 타 매장에서 시술받은 경험에 비춰봤을 때 충분히 고객을 끌어올 수 있으리라고 판단했다.

· ·

기술교육 강사로 10년을 일했던 그는 각 네일숍을 비교했을 때 네일 시술 능력에 큰 차이가 없다고 말한다. 실제 네일숍 창업에서 시술 능력보다 서비스가 영업 성패를 가르는 중요한 요소라는 뜻이다. 김지윤 사장이 생각하기에 여성들이 네일숍에 가는 이유는 감탄할 만한 작품을 기대하기 때문이 아니다. 네일아트 시술 결과는 손톱이 허전해 보이지 않을 정도로 깔끔하고 예쁘게 나오면 그만이다. 네일아트 시술 실력의 편차가 크지 않다고 가정할 때 중요한 것은 고객서비스이고, 사장의 마음가짐이다. 그 마음가짐이란 스스로 고객의 입장이 되었을 때 기대하는 서비스 가치다. 아무리 네일아트를 잘해도 친절하지 않으면 고객은 숍에 발길을 끊고 만다.

점차 평준화되고 있는 네일아트 시술 가격은 속눈썹과 반영구화장의 뒤를 따르는 것으로 별로 놀랄 일은 아니다. 서비스 상품이 가격 경쟁으로 치닫게 되면 시간 대비 노력에서 누가 더 최선을 다하느냐에 따라 매출이 갈린다.

서비스도 시술 가격에 포함된다

김지윤 사장은 20세 때부터 로드숍 점원으로 일하며 네일아트에서 가장 초보적인 일부터 경험을 쌓았다. 오랫동안 온갖 산전수전을 겪었고 그 경험을 자산으로 창업까지 했다. 그래서인지 경험 없이 네일숍을 차리겠다고 뛰어드는 사람을 보면 무모하다는 생각이 든다. 네일숍이 어떻게 돌아가는지도 모르는 사람이 돈을 벌기 위해 네일숍을 차린다는 게 이상한 일이기는 하다. 직원들이 어떤 생각을 하는지, 고객에게 어떤 서비스가 좋은지 판단하는 눈을 가져야만 네일숍을 창업할 자격이 된다는 뜻이다.

새삼스러울 게 없는 사실이지만 네일숍 영업에서 가장 중요한 요소는 역시 '친절'이다. 고객은 네

서비스
마인드가
중요해요

고객 관리를 치밀하게 하라

네일갤러리의 고객 관리는 감성적인 측면에서 그치는 게 아니다. POS를 활용해 데이터 위주로 고객 관리를 한다. 단순히 이름과 연락처만 저장하는 게 아니라 고객이 시술할 당시에 어떤 색을 썼는지 제품 번호까지 기록해서 취향을 살핀다. 그러면 고객이 다음에 또다시 예약했을 때 어떤 타입으로 시술하고 싶어하는지 예측할 수 있고 컬러를 제안하기에도 쉬워진다.

일아트 시술 능력이 뒤떨어지더라도 환하게 미소 짓는 직원을 선호한다. 고객은 단지 네일아트 시술만 받는 게 아니라, 네일숍에서 수다를 떨고 고민을 털어놓는다. 따라서 네일숍을 고객이 편안하게 머무를 수 있는 공간으로 느끼게 하는 게 중요하다. 고객이 네일아트 시술을 받는 동안 네일리스트와 대화를 하고 커피 한잔을 마시고 스트레스를 푸는 대가로 지급하는 돈이 시술 가격에 전부 포함돼 있다.

　　네일갤러리는 고객에게 원두커피와 주스를 서비스로 제공하고, 다른 네일숍과 달리 네일아트 시술 상품권을 만들어 팔고 있다. 백화점 상품권처럼 만든 시술 상품권은 회원권보다는 수요가 적지만, 네일숍의 고급스러운 이미지를 고객에게 각인시킨다. 여기에 각종 이벤트 마케팅을 곁들이는 것도 빼놓을 수 없다. 매월 또는 매주 한 날을 정해 할인 행사를 열고 계절이 바뀔 때마다 서비스 이벤트를 한다. 겨울 같은 비수기 때는 가격 할인이 가장 효과적인 영업 수단이다. 한 가지 시술을 정해 20~50퍼센트까지 할인된 가격으로 시술함으로써 손님을 매장으로 이끈다.

　　김지윤 사장은 매장이 자리 잡는 과정에서 고생과 노력은 불가피하고, 당장 수익이 나지 않는 것도 당연하다고 했다. 다행

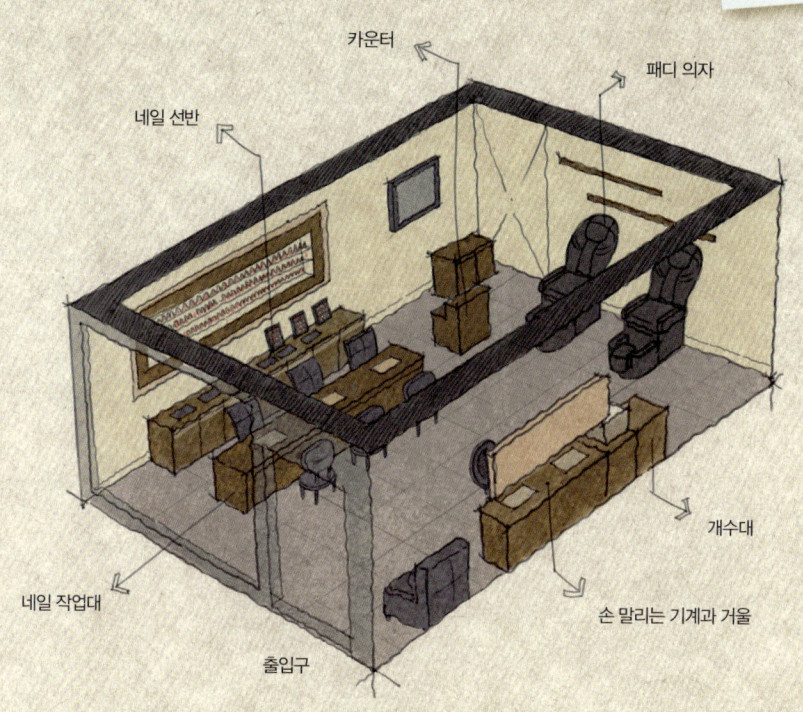

카운터

패디 의자

네일 선반

개수대

네일 작업대

출입구

손 말리는 기계과 거울

세로변이 긴 매장 특성을 활용해 작업 탁자를 배치하고 고객 여러 명을 시술할 수 있도록 했다.
맞은편에는 고객이 쉴 수 있는 소파와 개수대가 있으며 매장 안쪽에 패디큐어를 받을 수 있는
의자가 놓여 있다. 벽면에는 거울을 설치해 매장 내부가 넓어 보이도록 했다.

스럽게도 네일갤러리는 개업한 첫 달부터 매출이 잘 나와주었기에 그동안 밑지고 장사했던 적은 없다. 비수기를 앞둔 10월에 창업을 했는데도 꾸준히 매출이 올랐고 단골이 점차 늘어 최근에는 월평균 1500~1600만 원의 매출을 올리고 있다.

고객이 손을 씻는 개수대와 거울 디자인까지 세심하게 신경 썼다.

김지윤 사장은 직원 두 명과 함께 가게를 꾸려나가고 있다. 네일숍 창업자라면 직원 관리에 대한 철저함도 빼놓을 수 없다고 강조한다. 고객을 상대하는 직원의 마음을 헤아리고 형평성에 어긋나지 않게 휴무일을 조정해주는 것은 보이지 않는 경영의 묘다. 가끔 매장을 소란스럽게 하고 직원을 무시하는 '진상 손님'이 나타나면 스트레스를 받은 직원을 잘 다독일 줄 알아야 하는 사람이 바로 네일숍 사장이다.

또 그는 아무리 바빠도 세금 계산을 직접 한다. 재무관리를 수시로 하고 영수증 하나까지 버리지 않는다. 시간을 들여서라도 종합소득세와 부가세를 신고하는 습관을 갖다 보면 세금 관리의 노하우가 보인다고 한다.

나만의 필살기

네일숍은 소비 계층을 누구에게 맞추느냐에 따라 콘셉트가 달라진다. 유행에 민감한 강남 지역 네일숍과 지하철역에서 가까운 네일숍, 아파트 단지 내 상가의 네일숍은 각각 다른 영업 전략이 필요하다. 네일갤러리는 젊게 보이고 싶어하는 30~40대 주부들과 20~30대 직장인들을 타깃으로 공략했다. 핵심 고객을 정할 때는 영업의 중심인 사장이 자기 자신의 강점을 잘 파악해야 한다.

창업 비법 전수

네일아트에 전문가가 되었을 때 창업하라. 요새는 네일숍을 창업하려는 이들이 너무 많아 네일 업계에도 거품이 끼어 있다. 분명히 수요보다 공급이 많은 포화 상태다. 시장성만 보고 창업한 네일숍은 고객의 신뢰를 깎고, 영업 이익도 깎는 부정적인 효과만 낳을 것이다. 창업하더라도 네일아트의 진수가 무엇인지, 네일숍 운영의 허와 실이 무엇인지 꼼꼼하게 따져보고 창업해야 실패를 막을 수 있다.

장부 엿보기

개업한 첫 달부터 매출이 잘 나와주었기에 그동안 밑지고 장사했던 적은 없다. 비수기를 앞둔 10월에 창업을 했는데도 꾸준히 매출이 올랐고 단골이 점차 늘어 최근에는 월평균 1500~1600만 원의 매출을 올리고 있다.

매출액: 1500~1600만 원
재료비: 30~40만 원
인건비: 400만 원
임대료: 165만 원
월 순수익: 800~900만 원

Nail Gallery

Bora Nail

미용실 숍인숍 | 인천 보라네일

숍인숍 창업은 인맥이 힘이다

○ **이름** 보라네일
○ **위치** 인천 계양구 임학동
○ **개업** 2013년 5월
○ **투자금** 4000만 원
○ **규모** 17평
○ **메뉴** 기본 케어 1만 2000원, 젤네일 3만~6만 5000원, 페디젤 2만 5000~4만 원

다른 뷰티 분야에서 일하다가 네일아트의 매력에 끌려서 네일리스트로 전업하는 사람도 있다. 인천시 계양구에 있는 보라네일의 김보라 사장 역시 2년간 헤어 강사로 일하다가 2013년 숍인숍 형태로 네일숍을 창업했다. 미용실 고객까지 네일 시술 고객으로 끌어들여 매달 200만 원씩 매출을 올리는 알짜배기 매장이다.

서민들의 체감 경기가 어려워지면 가장 먼저 발길이 끊기는 곳이 바로 네일숍 아닐까? 네일아트 시술을 받는 여성들이 많아지긴 했어도 여전히 파마만큼 필수로 여겨지지는 않는다. 하지만 네일아트는 단시간만 투자해도 스타일에 눈에 띄는 변화를 줄 수 있다는 장점이 있다. 꾸준히 관리를 받아야 하는 피부 시술이나 결과를 정확히 예측하기 어려운 헤어 시술과 달리 네일아트는 고객이 예측한 만큼 곧바로 결과물이 그려진다.

· ·

일반적으로 숍인숍 창업은 주인에게 보증금과 월세를 내고 영업하는 형태로서 단독으로 매장을 얻는 것보다 훨씬 저렴하다. 김보라 사장은 창업을 준비하면서 점포를 단기 임대하느라 1000만 원 이상 투자했던 적도 있지만 대부분 회수했다. 현재는 미용사 자격증을 취득하는 과정에서 알게 된 지인이 운영하는 미용실 한쪽에서 영업하고 있다.

돈을 떠나서 자신이 재미있는 일을 해야 한다는 신념이 확고한 그는 관광안내소 직원 일을 그만두고 미용 분야에 뛰어들었다. 네일 학원에서 공부한 뒤 서울 안암동에 있는 한 네일숍에서 직원으로 일했다. 월급으로 한 달에 80만 원을 받으면서 힘들게 일했지만 즐겁게 배웠다. 관광안내소에서 근무하던 시절 몸에 밴 서비스 자세가 네일리스트로 일하는 데 도움이 됐다.

네일리스트가 고객과 1대 1로 대응하는 심리적

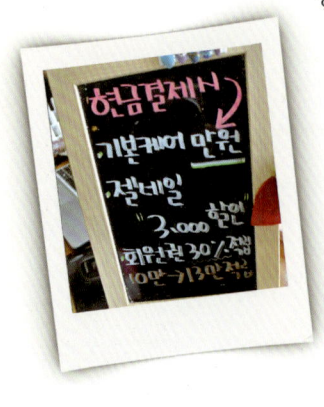

숍인숍 매장의 가격 경쟁력으로 할인 폭을 넓혔다.

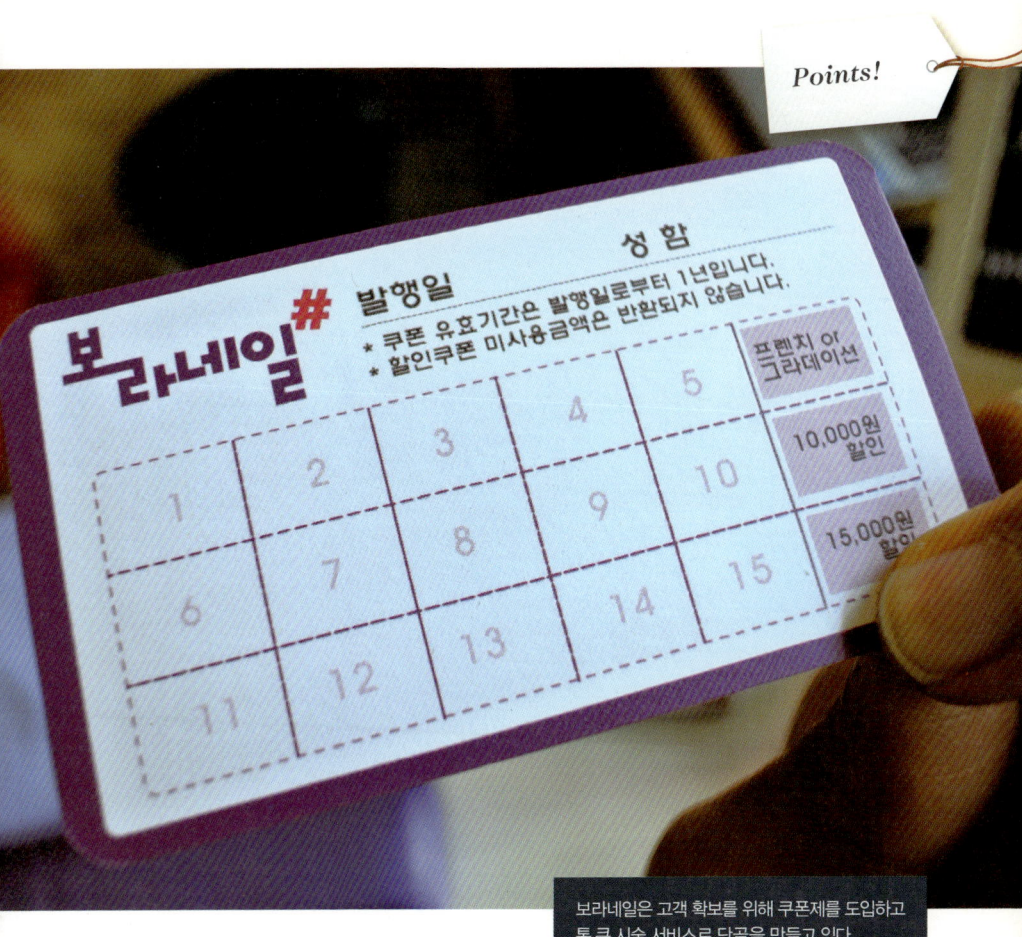

Points!

보라네일#

발행일　　　　　　　　**성 함**

* 쿠폰 유효기간은 발행일로부터 1년입니다.
* 할인쿠폰 미사용금액은 반환되지 않습니다.

				5	프렌치 or 그라데이션
	2	3	4	10	10,000원 할인
1	7	8	9	15	15,000원 할인
6	12	13	14		
11					

보라네일은 고객 확보를 위해 쿠폰제를 도입하고
통 큰 시술 서비스로 단골을 만들고 있다.

Shop

미용실 한쪽 공간을 쓰고 있지만 겉돌지 않고 자연스럽다.
숍인숍 창업으로 미용실 조명과 인테리어를 함께 쓰는 부수적인 효과를 얻었다.

인 직업이라는 관점에서 보면, 고객을 대하는 사소한 태도조차 네일리스트에게는 매우 중요한 경쟁력이다. 김보라 사장은 손님들이 거부감을 느끼는 억양을 구별하고 어떻게 하면 손님의 마음을 여는지 알기에 네일리스트로서 빨리 적응할 수 있었다.

손님이 기분 전환 차원에서 다른 네일숍에서 시술을 받고 온다면 네일리스트는 무심결에 다른 데서 네일 시술을 받고 왔다며 서운한 티를 낼 수 있다. 하지만 고객은 그 순간 네일숍과 마음이 멀어진다. 부담을 느끼기 때문이다. 김보라 사장은 오히려 고객들에게 가끔은 다른 숍에 갔다 오라고 한다. 사람이 매일 같은 반찬에 밥을 먹으면 쉽게 질리는 것처럼 네일숍도 한 군데만 다니면 그게 더 이상하다는 얘기다. 창업 이후 시행착오를 줄일 수 있었던 건 그런 여유로운 태도 덕분이기도 하다.

· ·

임학동의 규모가 꽤 큰 병방시장 입구에 있는 보라네일숍은 시장 뒤쪽에 빌라, 오피스텔, 아파트 단지가 몰려 있고 인근에 경인여대가 있어 네일아트 수요가 많은 편이다.

보라네일이 문을 열기 전 근방에 네일숍 서너 곳이 있었지만, 한 곳은 문을 닫았고 나머지 매장과는 경쟁해볼 만했다. 중심 상권인 부평으로 나가는 손님들을 붙잡는 게 관건이었다.

> ### 창업 시크릿
>
> **어떤 매장을 구할지 상상해보라**
>
> 네일숍은 시내 상권 중심에 있지 않아도 관계없다. 시내 상권 보증금이 1억 원을 훌쩍 넘는다는 점을 고려하면 소자본 창업자로서는 엄두를 낼 수 없다. 무리해서 대출을 받기보다 욕심을 버리고 작고 실속 있는 매장을 찾아본다. 대출과 월세 부담만 줄여도 개업 초기의 낮은 매출과 손실을 감수할 수 있다.

처음엔 발로 뛰면서 전단을 뿌렸지만 눈에 띌 만큼 효과가 좋지는 않았다.

손님이 하루에 한 명뿐일 때도 있었기에 초조하게 시간을 보낼 때가 더 많았다. 가만히 앉아서 손님을 기다리느니 블로그에 홍보라도 하자는 생각에 셀프 네일 시술법을 온라인에 올리기 시작했다. 네일 관련 카페에서 온라인으로 무료로 강의하기도 했다. 누구에게 배운 것도 아닌데 블로그 글에 키워드를 반복해서 적어넣으면 검색 결과 중 상위에 노출된다는 걸 알았다.

현재 검색창에 '계양구 네일'을 검색하면 보라네일 블로그가 가장 먼저 뜬다. 이건 생각보다 효과가 크다. 블로그를 보고 인천 지역에서 찾아온 고객들이 있었고, 입소문을 더해 단골도 조금씩 늘기 시작했다. 손님들을 대하면서 새로운 사실도 알게 됐다. 고객은 네일숍에서 실력 좋은 시술자보다 친구처럼 편하게 응대하는 시술자를 더 원한다는 것이다. 번화가 네일숍은 단골보다 뜨내기손님이 많다. 이 때문에 네일 시술을 받고 돌아가는 고객 중에는 네일리스트와의 친분을 아쉬워하는 경우가 많다. 여자들이 네일아트를 하는 이유는 단지 손톱을 꾸미기 위한 것만은 아니다. 자기 마음을 알아주고 소통할 수 있는 사람을 그리워한다.

친구를 따라 우연히 매장에 들렀다가 단골이 된 경우도 상당수다. 말로만 하는 친절이 아니라 행동으로 보여주는 서비스를 곁들이면 한 번이

친구처럼
편안한
네일리스트예요!

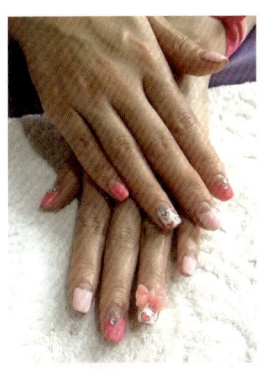

미용실 창업 | 프리랜서

Points!

Nail care

기본케어 (케어+컬러)
미니케어 (케어+컬러) ················· 12,000
보습케어 (케어+영양제) ············· 10,000
보습케어 (케어+파라핀+영양제) ··· 16,000

Gel nail

젤 기본 (케어+컬러) ················· 32,000
젤 프렌치 (케어+프렌치) ··········· 38,000
젤 그라데이션 (케어+그라데이션) ··· 43,000
젤 글리터 (케어+글리터) ··········· 65,000
젤 제거 ······························· 10,000

Pedi cure

발 기본 (케어+컬러) ················· 25,000
발 젤기본 (케어+컬러) ············· 40,000

예약제로 운영됩니다

보라네일은 주변 매장보다 10퍼센트 저렴한 가격으로 고객을
이끌었다. 또한 블로그 홍보로 매장을 꾸준히 알리고 있다.

라도 시술받은 고객은 대부분 단골이 된다. 김보라 사장은 다른 숍에서 1000~2000원 추가 비용을 받는 시술도 무료로 해주고, 젤이 벗겨지면 다시 발라주기도 했다. 돈을 떠나서 자신이 조금 더 고생하면 된다는 생각에 웃는 낯으로 손님을 대하자 단골이 100여 명 넘게 늘었다.

네일 업계는 인맥이 능력이다
네일 업계에 종사하는 사람을 여럿 사귀어두면 도움이 된다. 특히 도매업자들은 제품 후원자를 연결해주거나 제품 구매 정보를 제공해주기도 한다. 샘플 제품을 시중가로 일일이 써보려면 돈이 많이 들고 부담되기 때문에 도매업자를 통해 샘플 협찬을 받는 게 좋다.

. .

그가 시술해주는 네일아트는 단순하면서도 질리지 않는 스타일이다. 평소에 인터넷으로 아트 디자인을 자주 본다고 했다. 손님들 손 색깔이나 모양을 보면 어떤 스타일의 시술을 권할지 대충 감이 온다. 도회적인 스타일에 화장이 짙은 손님들에게는 블랙이나 호피 색을 권하고, 수수하고 청순한 고객들에게는 연분홍 혹은 누드베이지 계열의 색상을 추천해준다.

숍인숍 창업, 돈 얼마나 아낄 수 있나?

컬러 선반을 추가한 것 외에 인테리어는 기존 미용실 디자인을 살렸고 재료비도 상대적으로 많이 들지 않았다. 동대문과 남대문에 가서 발품을 팔며 필요한 제품을 브랜드별로 구매했기 때문이다. 불필요한 컬러로 구색을 갖추기보다 주력 컬러를 집중적으로 공략해 실용성을 추구했다. 현재는 약 150가지 컬

숍인숍 창업은 동업 매
장 관리 등 신경 써야
할 부분이 많다.

러를 사용한다.

혹시 창업 전 숍인숍 창업에 대한 걱정이나 불안감
은 없었을까? 그는 규모 있는 매장에 숍인숍으로 들
어갈 때 보증금 100만 원에 월세 30~35만 원 정도
를 적정 시세로 봤다. 처음에는 미용실과 네일숍 창
업의 시너지 효과가 있을 것인지 걱정했지만 지금
은 확실히 효과가 있음을 느낀다고.

· ·

숍인숍 창업은 임대료가 적은 대신 신경 써야 할 부분이 많
다. 청소 등 매장 관리에 대한 업무 분담은 물론, 동업 매장을
찾는 고객을 응대하는 일에도 소홀해선 안 된다. 그러기 위해
서는 서로의 시술 내용을 설명해줄 수 있을 정도로 정보 공유
가 이뤄져야 한다. 미용실에서 시술을 기다리며 네일아트를 받
는 고객이 있고, 네일아트 단골이 미용실 고객으로 연결되기도
한다.

한 달 매출은 200만 원 전후이며 그중에서 재료비와 소모품
비용 10퍼센트를 제외하고 나면 고스란히 순수입으로 잡힌다.
동네 주민을 상대로 하는 장사라서 가격은 철저하게 낮췄다.
고객 연령층은 20대가 절반을 차지하고 나머지는 30~40대 주
부들이다. 그는 동네 상권의 매력으로 잘 응대해준 고객 한 명
이 세 명의 손님을 데려오는 것을 꼽았다. 단점은 한 번 실수하
면 악소문이 금방 퍼져서 한 명의 고객에게도 소홀해선 안 된
다는 것이다.

매일 다양한 네일아트 스타일로 고객을
응대한다

시내 상권과 달리 동네에는 주변 상권과의 관계라는 게 있다. 상도를 언급할 때 가장 많이 나오는 얘기가 "가격을 혼자서 일방적으로 깎아선 안 된다"는 것이다. A라는 네일숍에서 마사지와 컬러 추가 시술로 돈을 받는데, B라는 매장에서 이를 모두 서비스로 제공하면 상도에 어긋나는 일이다. 개업 전에 주변 네일숍을 염탐하는 것도 금물이다.

주력 컬러 위주로 150가지 종류의 네일 제품을 사용한다

나만의 필살기

네일아트에서 중요한 건 기술이 50퍼센트이고 나머지는 커뮤니케이션이다. 사장은 고객과의 친분까지 관리해야 한다. 액셀 프로그램에 방문 고객의 전화번호, 방문 일자, 간단한 시술 내역은 물론 고객 관심사까지 꼼꼼하게 적어놓는다. 다음에 그 고객이 매장을 방문할 때 이 데이터를 활용한다.

창업 비법 전수

상부상조를 잘하는 사람이라면 미용실 숍인숍 창업도 해볼 만하다. 임차인 처지지만 임대 매장이 잘되길 바라는 마음으로 일을 도울 필요가 있다. 광고할 때 메뉴판을 공동으로 만들거나 전단에 미용실 광고를 함께 넣는 등 숍인숍의 시너지 효과를 얻기 위해 적극 노력해야 한다. 또 미용실 원장이 부재중일 때 헤어 시술과 관련된 간단한 상담도 해줄 수 있을 만큼 업무를 공유한다면 더욱 좋다.

장부 엿보기

한달 매출은 200만 원 전후로 재료비와 소모품 비용 10퍼센트를 제외하고 나면 한 사람몫의 수익으로 충분하다. 임대료를 적게 내므로 총 매출에서 순수익이 차지하는 비중이 높다.

매출액: 180~200만 원
재료비: 10~30만 원
임대료: 30만 원
월 순수익: 140~160만 원

Bora Nail

04

Artist Nail

아트 전문 네일숍 | 동대문 아티스트네일

개성 있는 네일숍으로 승부하라

○ **이름** 아티스트네일
○ **위치** 서울 동대문구 장안1동
○ **개업** 2009년 8월
○ **투자금** 4100만 원
○ **규모** 10평
○ **메뉴** 손발 케어 1~2만 원대, 손젤 3만 원대, 패디젤 4만 원대

지하철 5호선 장한평역 3번 출구에서 마을버스로 두 정거장쯤 떨어진 거리에 아티스트네일이 있다. 장안동을 입지로 정한 이유는 상권이 죽지 않는 동네라는 생각에서다. 창업 당시 네일숍을 다니며 시술 능력을 비교해본 양은옥 사장은 '아트 네일'로 특화한다면 가능성이 있으리라고 판단했다.

창업 초기에 재료비만 2000만 원을 들여 수십 종류의 네일 제품을 갖췄다.

대로변이긴 하지만 바로 옆에 철강업체가 있고 그 옆에도 철골 구조물이 있어 주변 매장과의 조화가 썩 좋은 편은 아니다. 양은옥 사장은 어느 정도의 유동 인구가 있는 곳 중에서 권리금이 없고 임대료가 싼 매장을 찾다가 이곳을 택했다. 장안동 오피스텔 밀집 지역인 이곳은 먹자골목을 끼고 있으며 대로변에는 프랜차이즈 카페와 개인이 운영하는 카페가 짝지은 것처럼 붙어 있다. 늦은 오후임에도 카페 안에는 30~40대 주부들이 꽤 많이 앉아 있었다.

. .

독특한 분위기를 가진 동네라고 생각하면서 네일숍 안으로 들어서자, 겉보기와는 달리 매장에서 생생한 활력이 느껴졌다. 직원 두 명이 커플 고객에게 시술하고 있고 양은옥 사장은 대기 중인 고객과 커피를 마시고 있었다. 취재를 나왔느냐며 고객이 먼저 알은체를 했다. 뒤이어 고객의 입에서 네일숍 소개가 이어지는 걸 보며 사장이 평소에 고객과 얼마나 가까운 사이인지 짐작할 수 있었다. 시술을 끝낸 직원이 잔소리만 하는 사장이 밉다면서 흉을 보는 모습은 다소 낯설기도 했다.

매장 벽 한쪽에는 고객들이 시술받고 기념으로 찍은 폴라로이드 사진들이 죽 걸려 있다. 고객들에게 샘플로 보여주는 네일아트 작품 수도 유난히 많다. 각 나라 말로 적어 뜻을 알 수 없는 명언들이 빼곡하게 찬 액자를 보고 나니 이곳이 특별한 네일숍이라는 사실을 알 수 있었다.

고객과의 친분을 활용한 영업 방식으로
단골을 꾸준히 늘렸다.

고객이 네일 재료를 한눈에 볼 수 있도록 배치한 내부 인테리어.
공기청정기와 커피메이커를 비치한 것도 고객을 위한 배려다.

네일리스트와 네일숍 원장의 차이

창업 시크릿

만화를 배우고 미술 교사와 바디페인팅 아티스트로 활동했던 양은옥 사장은 네일아트를 뒤늦게 시작한 편이다. 남들보다 한참 늦은 30세에 취업 전선에 뛰어들었으나 마음처럼 안 됐고 프리랜서 미술작가로 활동하기에는 수입이 턱없이 모자랐다. 자신의 그림 실력을 살려서 해볼 수 있는 일로 관심을 둔 게 네일아트였다. 아카데미에서 네일아트를

가게 입지 고르는 법

입지는 창업의 성패를 가르는 중요한 요소다. 고객들이 이동하는 경로를 자세히 살펴야 한다. 동선에 따라 가게들이 자연스럽게 밀집된 곳을 선택한다. 특히 네일숍은 옷가게와 속옷가게, 카페 등 여성 고객을 대상으로 한 매장이 붙어 있는 곳이 좋다. 고객의 구매 패턴이 네일숍과 자연스럽게 연결되기 때문이다.

공부한 뒤 신촌에 있는 네일숍에 직원으로 취업한 그는 1년 동안 매장 운영 방식을 배운 다음 동대문구 장안동에 네일숍을 창업했다.

처음 매장을 열었던 자리는 이면도로 안쪽 골목에 있는 7평 남짓한 가게였다. 큰돈을 들여 돈을 벌겠다는 생각보다 망하지 말고 3년만 버텨보자는 생각이 컸다. 처음에는 자기계발 삼아 창업을 했을 만큼 욕심 없이 시작했다. 장안동을 입지로 정한 이유는 상권이 죽지 않는 동네라는 생각에서다. 창업 당시 네일숍을 다니며 시술 능력을 비교해본 양은옥 사장은 '아트 네일'로 특화한다면 성공 가능성이 있으리라고 판단했다.

네일숍을 창업할 때 흔히 하는 착각은 전문적으로 네일아트를 배웠고 숍에서도 일해봤으니 창업하면 당연히 장사가 잘되리라는 생각이다. 실상은 전혀 그렇지 않다. 직원으로 아무리

많은 경력을 쌓아도 사장이 되는 건 또 다른 일이다. 네일숍 사장과 직원의 관계는 하늘과 땅 사이처럼 멀다. 사장이 되기 전까지 직원은 경영의 세계에서 벌어지는 일을 그저 추측만 할 뿐이다. 양은옥 사장도 처음에는 얼떨결에 사장이 되었고 자신이 어깨너머로 본 상황이 실제로 눈앞에 펼쳐지자 어떻게 대처해야 할지 몰랐다.

그가 유일하게 믿는 구석이 있다면 고객과의 친밀한 소통만큼은 자신 있었다는 것이다. 고객에게 단지 시술만 해주는 게 아니라 가격 대비 어느 정도의 만족감을 줄 수 있는지가 관건이었다. 주변의 경쟁 네일숍은 고객이 네일아트에 실망해도 노동의 대가는 고스란히 받아가는, 한마디로 서비스 능력이 떨어지는 곳이 많았다.

· ·

고객의 마음을 알기 위해서는 우선 자세를 낮추는 게 순서였다. 아티스트네일은 개업 직후 네일아트 가격을 기존 가격의 절반 이하로 낮췄다. 전략적인 선택이었다. 인근 매장에서 10만 원대에 시술해주는 젤네일을 단골에게 3~4만 원만 받고 해줬다. 개업 축하 행사에서 파격적으로 가격을 내렸을 때 맞닥뜨리는 위험은 매장을 찾아온 모든 고객에게 똑같은 서비스를 해주지 못한다는 것이다. 양은옥 사장은 이런 취약점을 예측하고 실력 좋

실력보다
서비스가
우선이죠

남자 고객에게 시술을 권유, 커플 시술 할인제도를 도입했다.
다양한 종류의 아트네일 중에서 고객이 마음에 드는 것을 선택할 수 있다.

은 직원 두 명과 함께 고객들이 대기하는 일 없이 곧바로 시술받을 수 있도록 노력했다. 한 사람이라도 소홀하거나 신경 못 쓰는 일이 없도록 조바심을 낸 결과, 주변에 확실한 입소문 효과를 낼 수 있었다. 실력을 발휘해 검증받은 뒤 단골은 자연스럽게 늘었다.

· ·

아티스트네일의 고객들은 20대부터 70대까지 다양하다. 남자 고객도 있고 커플 고객도 있다. 양은옥 사장은 네일아트가 여자들만 받는 시술이 아니라 남자들에게도 충분한 매력 포인트가 된다는 걸 알리기 위해 남성 고객에게는 무료로 네일케어를 해주기도 했다.

아티스트네일의 또 다른 자산은 네일아트 재료에 있다. 창업 초기에 재료비만 2000만 원을 들여 수십 종류의 네일 제품을 갖췄다. 믿을 수 있는 도매상을 거래처로 둔 것이 든든한 무기가 되어주었다. 규모가 큰 도매상과 네일 쇼핑몰에서 제공하는 샘플을 꼼꼼하게 비교해본 뒤 재료 입고를 결정했다. 처음에는 온라인 도매업체를 통해 재료를 구매했다가 네일숍이 점차 알려지면서 거래처를 바꿨다. 거래처를 바꿈으로써 제품당 평균 단가를 15퍼센트 이상 낮추어 가격 경쟁력을 갖출 수 있었다고.

양은옥 사장은 아무리 재료를 저렴하게 들여와도 손님에게는 절대 팔지 않는다. 네일숍을 찾은 고객들에게 강매하지 않

창업 시크릿

남성 고객을 놓치지 않는다
여성뿐 아니라 남성들 역시 네일아트를 받는 시대가 됐다. 그래서 여자친구와 함께 네일숍에 온 남자 손님을 놓치지 않는다. 남성 고객은 여성 고객처럼 디자인이 화려한 네일아트가 아닌 네일케어에 초점을 맞춘다. 샘플을 보여준 뒤 "기본 케어니까 여자친구와 커플로 한번 받아보세요" 하고 권하면 대부분 받아들인다.

는다는 게 그의 원칙이다. 기분 전환을 위해 네일숍에 왔다가 좋은 친구라고 생각했던 네일리스트에게 '영업을 당할 때' 고객의 기분이 어떤지 잘 알고 있어서다.

직원을 사장으로 키워라

패디큐어 시술용 의자

아티스트네일은 유난히 활력이 넘친다는 느낌을 받았다. 직원들이 매장을 직접 꾸려가고 있는 데서 오는 활력이다. 양은옥 사장은 직원을 새로 뽑으면 아티스트네일에 맞는 직원으로 완벽하게 교육한다. 네일아트 아카데미에서 정석대로 배운 직원도 아트 중심의 시술 능력을 익힐 때까지 계속해서 연습해야 한다.

직원 처지로서는 스트레스를 받을 법도 한데, 양은옥 사장처럼 네일숍 사장이 되겠다는 목표를 가진 직원들은 원장의 시시콜콜한 잔소리를 오히려 즐긴다고. 월급과 노동력을 교환하는 사장과 직원 관계가 아니라, 서로 키워주는 동반자의 관계가 아티스트네일의 원동력처럼 보였다. 이처럼 까다로운 직원 교육 덕분일까? 고객들은 아티스트네일의 시술 능력에 늘 만족하고 돌아간다. 대신 양은옥 사장은 쉬는 날이 없다. 가게를 자신의 얼굴로 여기는 그는 매장 운영에 관한 시스템을 만들고, 직원들이 그 시스템에 맞춰 일하게 한 뒤 영업과 홍보에 주력한다.

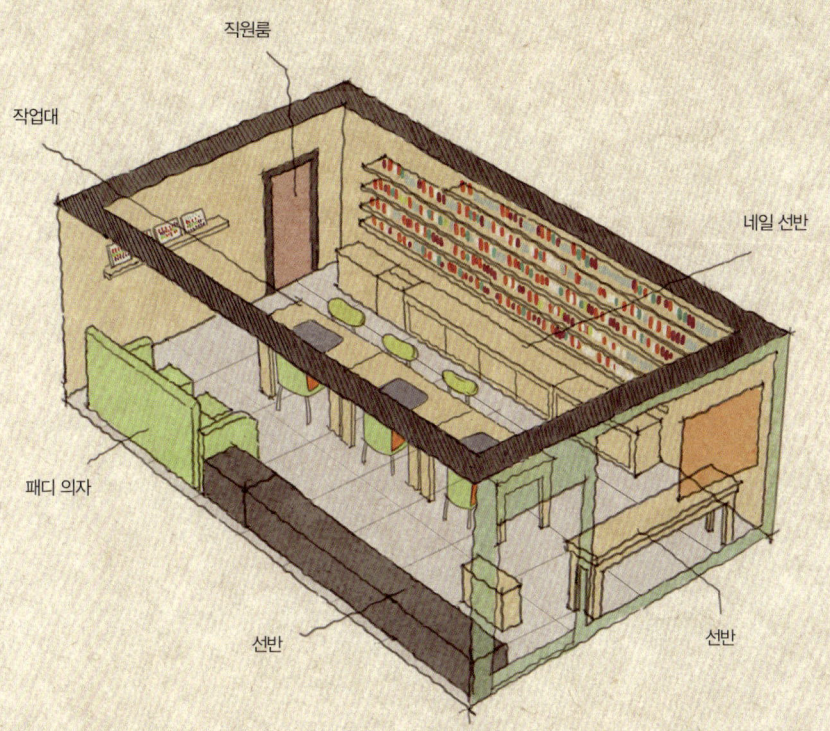

직원룸

작업대

네일 선반

패디 의자

선반

선반

매장에 들어서면 오른쪽에 긴 작업대와 네일 용품이 놓인 선반이 먼저 보인다. 왼쪽에는 패디큐어 시술을 받을 수 있는 의자와 고객이 쉴 수 있는 공간이 마련돼 있다. 매장 뒤쪽에 직원용 탈의실을 따로 마련한 것이 특징이다.

Points!

까다로운 직원
교육 덕분에
고객들은 아티스트
네일의 시술 능력에
늘 만족하고
돌아간다.

아티스트네일 역시 위기라고 할 만한 순간도 있었다. 네일숍 사장들은 손님이 갑자기 줄어들면 자신에게 어딘가 문제가 있다고 생각한다. 사람들이 겨울이라서 손톱에 매니큐어를 잘 바르지 않는 것인데도 말이다. 자책의 먹구름이 몰려올 때 양은옥 사장이 대처하는 법은 네일아트 샘플 책을 펴는 것이다. 그리고 시간이 없어서 미처 시도해본 적 없는 네일아트를 그려보고, 바쁠 때는 엄두도 못 냈던 과감한 디자인에 도전해본다. 연습하면 자연히 실력이 늘고 결과물도 쌓인다. 그렇게 자기계발을 꾸준히 쌓은 내공으로 매장을 꾸려나간다.

아티스트네일은 개업 3개월 만에 손익분기점을 넘겼다. 현재 월평균 매출은 2500만 원 내외로 고객 관리부에 등록된 고객 수만 600명이 넘는다. 실력의 차이, 고객을 진심으로 대하는 마음, 그리고 누구에게든 최선을 다하는 자세는 양은옥 사장이 높은 수익을 올리는 비결이다.

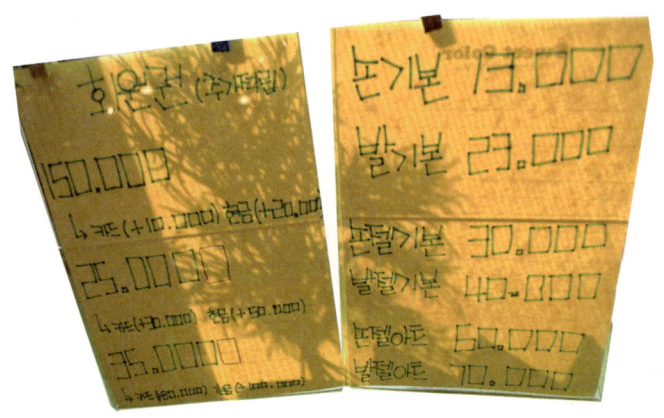

나만의 필살기

좋은 매장이라는 개념을 넘어선 개성 있는 매장을 만들었다. 매장 내부에 고객을 촬영한 폴라로이드 사진을 걸고 공기청정기와 커피메이커를 들여놔 카페 분위기를 냈다. 네일숍 서비스 차이가 크지 않다면, 결국 네일숍만의 독특한 분위기를 지닌 곳이 고객의 사랑을 받을 수 있다.

창업 비법 전수

네일숍을 창업하려는 사람이라면 서두를 필요 없이 통과의례를 모두 끝마친 뒤 창업해도 늦지 않다. 네일 기술을 익히는 것뿐만 아니라 업계 분석과 네일숍 운영 방식, 금전 관리, 세무 등 복잡하고 예측하지 못한 부분까지 경험하고 난 뒤에 창업하면 네일숍의 성공 확률을 그만큼 높일 수 있다.

장부 엿보기

양은옥 사장은 매출 욕심이 크다. 개점 3개월 만에 손익분기점을 넘겼고 현재 월평균 매출은 2500만 원 내외로 매장 규모와 비교하면 꽤 높은 편이다.

매출액: 2500만 원
재료비: 100만 원
임대료: 100만 원
인건비: 350만 원
월 순수익: 1500~2000만 원

Artist Nail

Salon El Lucy

오피스텔 네일숍 | 압구정동 살롱 엘루씨

룸타입 네일숍의 전망

○ **이름** 살롱 엘루씨
○ **위치** 서울 강남구 압구정동
○ **개업** 2014년 1월
○ **투자금** 5000만 원
○ **규모** 32평
○ **메뉴** 젤네일 5~10만 원대, 스페셜케어 3만 원, 맨즈케어 5만 원

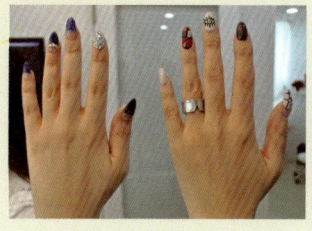 

살롱 엘루씨는 일본인 네일리스트를 고용해 '일본식 젤네일 전문숍'이라는 이름을 내건 독특한 콘셉트의 네일숍이다. 꽤 젊은 30대 초반의 김선화 사장은 세계 최대의 젤네일 시장인 일본에서 유학하며 젤네일을 배웠다.

로 데오거리 양옆으로 빽빽하게 들어선 옷가게와 음식점, 주점 사이에서 살롱 엘루씨는 모퉁이 건물 5층에 있어 언뜻 보면 눈에 띄지 않는다. 보통 네일숍이 로드숍 형태를 띠고 있는 것과 달리 엘루씨는 오피스텔을 네일숍으로 만들었다. 매장 권리금이 없는 것은 장점이지만 이름을 알리기 위해서는 홍보를 많이 할 수밖에 없다.

손님들이 제 발로 찾아오게 하는 예약제 네일숍을 만들고 싶었다는 게 김선화 사장의 설명이다. 손님들은 돈을 낸 만큼 까다롭게 군다. 이 때문에 무조건 저가로 승부를 겨루지 않고 가격대가 높더라도 차별화된 서비스를 선보였다. 서비스에 제대로 된 가격을 지급할 수 있는 사람만 VIP 손님으로 대접했다.

엘리베이터에서 내려 살롱 엘루씨 내부로 들어서면 잘 꾸며진 사무실에 온 듯한 느낌이다. 입구 근처에 카운터가 있고 한쪽에는 사무실이 따로 마련되어 있다. 눈에 띄는 부분은 시술하는 장소를 각 방으로 구분해놓은 것이다. 1인용 시술룸과 속눈썹 전용룸, 그리고 커플룸이 있다. 내부에는 평면 TV가 벽에 걸려 있고 미용실 의자처럼 등을 완전히 젖힐 수 있는 의자를 마련해두었다. 타인의 눈을 의식하지 않고 편안하게 시술받도록 하기 위해서다. 이 역시 일본 네일숍을 모방한 것이라고 한다. 창업 비용의 절반을 인테리어에 쏟아부을 만큼 각별히 신경 쓴 부분 중 하나라고. 이 때문에 연예인 고객이

시술받는 고객에게 장갑을 씌우는 등 세심한 배려를 한다.

네일숍을 방문하는 고객에게
음료 서비스를 제공한다.

Shop

건물 5층에 있는 살롱 엘루씨는 100퍼센트 예약제로 운영된다.
고객이 충분히 휴식을 취할 수 있는 아늑한 환경이 특징이다.

나 외국인 관광객, 또는 개성이 강한 고객이 단골이다. 평일에는 인근 직장인들이 점심 시간을 이용해 살롱 엘루씨를 찾기도 한다.

..

네일숍의 비수기라고 할 만한 1월에 문을 연 것도 자신감의 반영이었을까? 살롱 엘루씨는 제품 하나하나까지도 최상급 재료만을 고집한다. 매니큐어 형태의 젤이 아닌 통 젤은 일본에서 직접 가져온 것으로 한번 시술하면 잘 떨어지지 않아 2~3주까지 형태를 그대로 유지한다.

겉보기에 화려하지는 않지만 은은하면서 고급스러운 디자인은 일본식 젤네일의 특성을 반영한 것이다. '일본스러운' 느낌을 왜곡 없이 표현하기 위해 일본에서 젤네일을 배운 일본인 네일리스트를 고용하고, 기본 샘플 디자인도 특별히 신경 써 만들었다. 기술이 노련한 한국인 네일리스트는 많지만 일본식 젤네일의 특성을 알고 이를 시술할 줄 아는 사람은 국내에선 매우 드물다고 한다.

..

김선화 사장은 구상부터 실제 네일숍을 개업하기까지의 준비 기간으로 약 5개월이 걸렸다. 창업 과정에서 상권 분석이나 인테리어 업체 선정 등의 결정을 내릴 때면 지인들과 상의하여 꼼꼼하게 계획했기에 비용을 크게 줄일 수 있었다고. 김선화 사장 또한 정식으로 네일숍을 열기 위해 네일아카데미에 다니면서 미용사 자격증을 취득했다. 직원 수는 현재 두 명이다.

혼자서 하는 것도 아닌데 굳이 예약제를 고집하는 이유는 무엇일까? 예약제로만 고객을 받는 이유는 고객에게 맞춤형 서비스를 제공하기 위해서이다. 살롱 엘루씨는 고객이 시술 예약을 하면 먼저 그 고객의 취향과 현재 손톱 상태를 고려해 어떤 시술을 제공할지 미리 준비한다. 고객이 왔을 때 가장 편안하고 자연스럽게 시술받을 수 있는 여건을 만드는 것.

홍보는 일부러 크게 하지 않는다고 했다. 개업 이후 전단을 돌린 게 전부다. 블로그나 소셜커머스를 잘못 활용하면 자칫 가격 경쟁으로 치달을 수 있기 때문이다. 현재 살롱 엘루씨의 평균 젤네일 시술 가격은 6~10만 원대로 중·고가에 속한다고 볼 수 있다. 가격에 대해서만은 양보하지 않고 서비스의 질을 떨어뜨리지 않는다는 게 김선화 사장의 운영 방침이다.

· ·

압구정은 네일 시술 가격이 천차만별이다. 살롱 엘루씨보다 저렴한 곳도 있고 비싼 곳도 있다. 가격이 비싼 것과 싼 것은 상대적인 개념이다. 평소에 네일 시술을 안 하는 고객들에게는 6만 원의 시술가가 비싸게 느껴질 수 있지만, 네일아트를 자주 하는 이들에게는 비싼 금액이 아닐 수도 있다.

입지적인 특성과 예약제 방침, 중·고가 시술 가격이 균형을 이룬 살롱 엘루씨는 현재 월 매출이 1500만 원이다. 하지만 임대료와 직원 인건비를 제외하면 남는 수익이 많지 않다. 올해는 투자 기간으로 인식해 영업하고 있으므로 매출이 높지 않

오피스텔 네일숍 | 압구정동 살롱 엘루씨

등받이 의자에 기대 편안한 자세로 시술을 받을 수 있도록 했다.
일본에서 직수입한 고급 통젤을 사용한 것도 살롱 엘루씨만의 강점이다.

아도 실망하지 않는다. 김선화 사장은 연간 2억 매출을 목표로 삼고 있다. 성수기인 6월을 기점으로 손익분기점을 넘어설 것으로 전망한다.

큐티클을 잘라내는 것도 세심하게
보통은 큐티클을 제거할 때 손톱을 불리기 위해 리무버를 쓰지만, 약품을 쓰면 손톱 건강에 좋지 않다. 유리로 된 볼에 미지근한 물을 담아서 고객들이 손을 담그도록 한다. 손톱을 불리는 동안에는 잔잔한 음악을 틀어주거나 TV를 켜두는 등 고객을 위한 배려를 하고 있다.

· ·

김선화 사장은 고객들이 살롱 엘루씨를 선택할 거라고 어떻게 확신하는 걸까? 대답은 '서비스'였다. 단지 가격을 낮추고 고객을 일방적으로 받드는 서비스가 아니라, 고객이 정당하게 낸 돈 이상의 대접을 느끼도록 VIP 서비스를 제공한다는 것.

국내에서는 아직 제대로 된 젤네일 서비스를 받지 못한 고객들이 더 많다. 예를 들어 여전히 많은 고객이 네일숍에서 어떤 품질의 젤을 쓰는지 따지지 않는다. 저렴한 젤은 네일 시술을 자주 받을수록 손톱이 벗겨지고 얇아진다. 반면 고급 젤은 벗길 때 손톱 손상을 최대한 줄여준다. 젤을 벗기는 일이 시술 못지않게 중요하지만 네일숍을 자주 가는 고객조차 이 점을 모르는 경우가 많다.

· ·

김선화 사장은 네일 서비스만으로는 매출이 낮을 수 있으므로 속눈썹 시술 서비스도 함께할 것을 권했다. 두 가지 서비스를 함께하면 일면 전문성이 떨어져 보일 수 있지만, 속눈썹 시술과 네일 시술은 상호 시너지 효과를 낼 수 있다는 게 그의

주장이다. 만약 속눈썹과 네일 시술을 병행한다면 고객이 각각 독립적인 시술로 인식하고 만족할 수 있도록 전문성을 살려야 한다. 이 때문에 네일 시술을 받는 고객들에게 속눈썹 시술 가격을 할인해주는 등의 이벤트는 피하라고 권했다.

책장에 진열된 여성 잡지. 고객을 위한 편의 시설이다.

salon *Ellucy Nail*

hand		비회원	회원
	스페셜 케어 (케어+스크럽+맛사지)	30,000 원	25,000 원
	맨즈 케어 (FOOT 스파 포함)	50,000 원	40,000 원
	클리어젤	55,000 원	50,000 원
	클리어젤 + 원컬러	70,000 원	60,000 원
	클리어젤 + 라메그라데이션	90,000 원	80,000 원
	클리어젤 + 컬러그라데이션	90,000 원	80,000 원
	클리어젤 + 프렌치	90,000 원	80,000 원
	컬러 + 프렌치	100,000 원	90,000 원

foot	핸드 디자인 + 10,000원	각질제거 + 20,000원
art	젤아트 (홀로그램, 마블, 파츠 등)	5,000 원 ~
	스톤아트	1,000 원 ~
	브이컷	10,000 원 ~
	네일 파츠	10,000 원 ~
	젤네일 제거	10,000 원
	타지점 제거	20,000 원

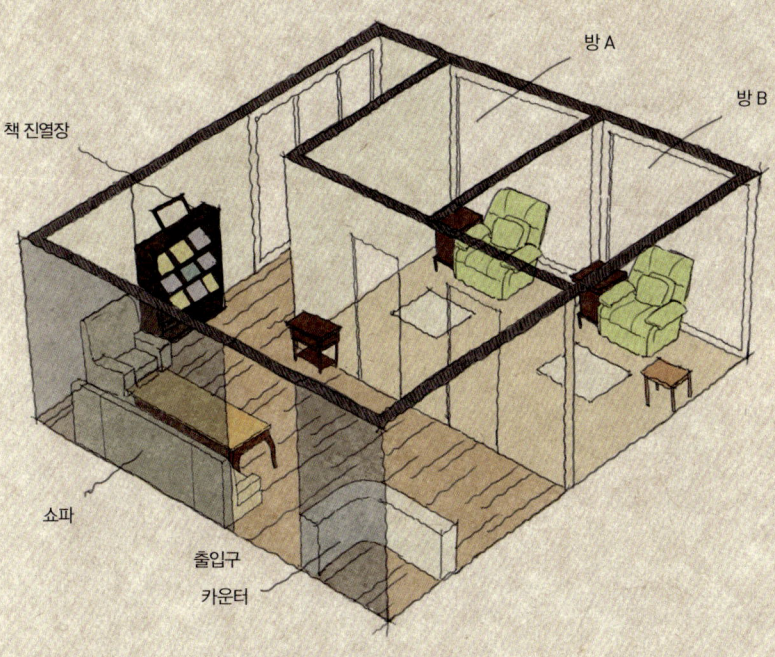

방 A

방 B

책 진열장

쇼파

출입구

카운터

내부가 독립된 룸타입 네일숍으로 구성돼 있어 사생활을 보호받고 싶은 연예인이나 커플이 함께 이용하기 좋다.

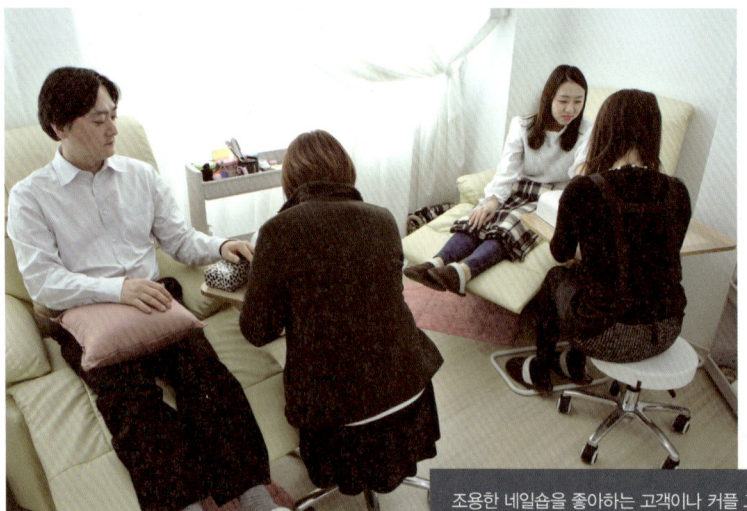

조용한 네일숍을 좋아하는 고객이나 커플 고객이
살롱 엘루씨를 찾는 단골이다.

나만의 필살기

까다로운 고객을 상대하는 만큼 네일리스트 채용부터 고객 관리, 서비스 품질까지 사장의 손길이 닿지 않은 곳이 없다. 커피 및 각종 주스 등의 음료와 간식을 서비스로 제공하고, 고객 카드에는 방문 경로부터 손톱의 문제점, 젤 유지 기간 등을 자세하게 적는다. 화려한 디자인을 선호하는 고객에게 시술한 꽃무늬의 특징까지 기억함으로써 맞춤형 서비스를 제공한다.

창업 비법 전수

네일리스트에 만족하지 않고 네일숍 경영자가 되고 싶은 사람이나 서비스 사업으로 성공하고 싶은 사람이라면 네일숍 창업에 도전해 봐도 좋다. 자신이 네일리스트의 역량을 넘어 사업가 기질이 있는지 알려면 서비스 직종에서 한번 일해본다. 네일숍으로 성공할 만한 사람이라면 어떤 서비스직에서 일해도 인정받을 수 있다.

장부 엿보기

개업한 지 얼마 되지 않았기 때문에 초기 매출은 그리 높지 않다. 하지만 홍보를 꾸준히 한다면 향후 매출이 더욱 늘어나리라고 전망한다.

매출액: 1500만 원
재료비: 200만 원
임대료: 250만 원
인건비: 800만 원
월 순수익: 200~300만 원

salon Ellucy

Salon El Lucy

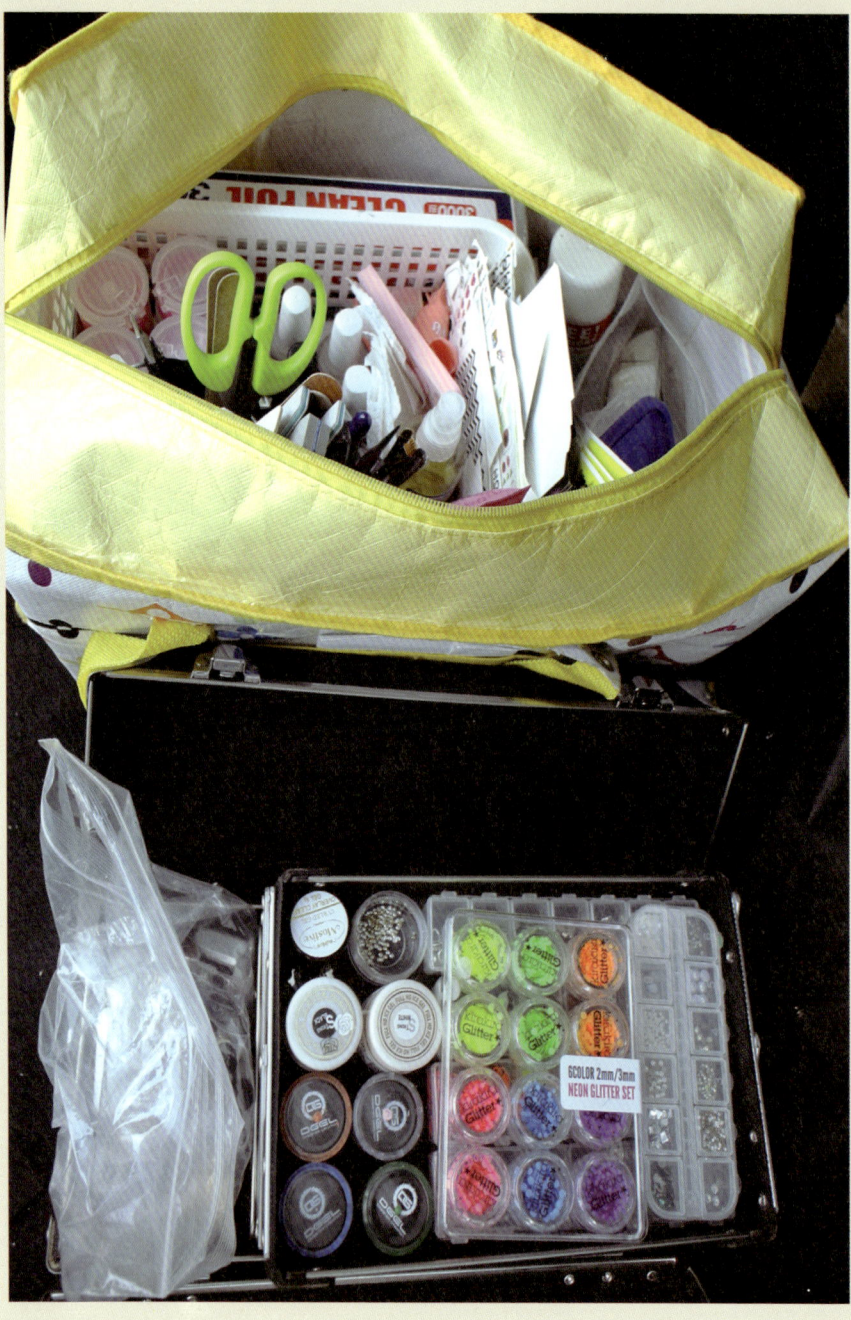

Sontop Factory

출장 네일 | 인천 손톱공장

찾아가는 네일아트 서비스

○ **이름** 손톱공장
○ **개업** 2012년 4월
○ **투자금** 3600만 원
○ **메뉴** 손젤 3~5만 원, 패디젤 4~6만 원

네일숍을 창업한다고 해서 반드시 가게를 얻어야 하는 것은 아니다. 자택 주소를 사업장으로 하고 프리랜서 형태로 일하는 이른바 '출장 네일' 형태의 창업도 가능하다. 출장 네일은 기본적으로 온라인 홍보와 입소문을 통해 거래가 이뤄진다.

출장 네일은 자신의 영업 지역 내에 있는 고객의 예약 전화를 받으면 차로 고객이 있는 곳으로 찾아가 네일아트 시술을 해주는 방식이다. 주로 낮에 네일숍을 찾기 어려운 직장인들이나 집안일 때문에 집에서 나오기 어려운 주부들이 이러한 출장 네일 서비스를 이용한다.

출장 네일이라고 해서 고객의 요청을 무조건 수락하는 건 아니다. 고객이 네일리스트가 움직일 수 있는 범위 내에 있어야 하며 젤네일 시술에 한해서만 가능하다. 예를 들어 서울에 있는 네일리스트가 인천에 있는 고객에게 출장을 가지는 않는다. 이동 거리가 멀면 하루 동안 시술할 수 있는 고객 수가 줄어들고 교통비가 많이 나오기 때문이다. 출장 네일리스트는 또한 단가가 낮은 단순 컬러네일 시술도 취급하지 않는다.

..

이수빈 사장은 우연한 계기로 출장 네일리스트가 되었다. 지하상가에서 여성복 가게를 운영했던 그는 장사 경험을 바탕으로 2012년 새로운 직업을 찾다가 네일아트에 관심을 두게 됐다. 고등학교 재학 시절 미용을 전공했던 터라 손재주가 있었고 때마침 네일아트가 유행하고 있어서 숍을 내겠다는 생각으로 네일아카데미에 등록했다. 기초반을 건너뛰고 실무반에서 2개월 과정을 수료한 그는 혼자서 젤네일을 독학하고 지인의 소개로 출장 네일을 시작했다.

처음엔 20대 중후반의 여성 중에서 평일 낮 시

출장 네일리스트는 재료와 도구가 담긴 가방을 꼼꼼히 챙겨야 한다.

Points!

출장 네일리스트는 장비 때문에
자가 차량이 반드시 있어야 한다.

Points!

출장 네일에는 수월한 이동을 위해 자가 차량이 있어야 한다.

간대에 네일숍에 가기 어려운 이들이 있다는 게 생소했다. 입소문을 타고 몇몇 가정집을 방문했고 온라인 홍보를 통해 더 많은 고객을 만났다. 그러다 유흥업에 종사하는 여성은 네일아트에 돈을 아끼지 않는 경향이 있다는 걸 알았다. 고객층을 잘 설정하면 프리랜서 네일리스트가 꽤 많은 매출을 올릴 수 있겠다는 예감이 들었다.

출장 네일은 홍보가 생명이다

이수빈 사장은 출장 네일을 하기 전 지하상가에서 오랫동안 옷 장사를 해본 경험으로 서비스 정신을 배웠다. 어떤 이들은 낯선 이의 집에 들어가서 시술하는 일에 걱정스러운 눈길을 보내지만 그는 상대를 편안하게 해주는 동시에 자기편으로 만들어 현장 분위기를 장악한다.

이수빈 사장은 일찍부터 온라인 홍보의 강점을 잘 파악하고 있었다. 출장 네일의 특성상 거주 범위 내에 있는 고객들이 이용하리라는 점을 알았다. 그의 영업 범위인 인천을 중심으로 '출장 네일'을 검색하면 자신의 블로그로 연결되도록 꾸준히 홍보했다. 하루에 30분씩 블로그에 사진과 글을 업데이트하는데, 블로그 마케팅을 잘 아는 지인의 도움으로 검색 결과 상위에 노출되는 방법을 배워서 써먹었다. 블로그를 잘 꾸미는 것보다 검색어가 노출되도록 일정한 간격을 두고 본문에 키워드를 입력하는 게 상위 노출에 훨씬 수월했다. 글을 올리고 나서 30분 뒤에 검색하면 블로그 검색 결과의 가장 상위에 손톱공장이 노출된다. 물론 출장 네일을 하는 대다수가 이와 동일한 방식으로 온라인 홍보를 한다. 그래서 이수빈 사장은 초창기 때부터 단골을 중요하게 여겼다. 입소문 홍보를 중심으로 온라인 홍보를 병행하기 위해서였다.

출장 네일이라는 이름을 내걸고 영업하는 이들 중에는 돈을 받고 시술해줄 자격이 없는 이들도 상당수다. 다른 네일숍에서 블로그나 SNS에 올려놓은 시술 사진을 무단으로 가져다가 홍보 이미지로 쓰는 이들도 있다. 실력이 검증되지 않은 이들과 네일숍 창업을 준비하는 사람들이 연습 삼아 출장 네일 시장에 뛰어들다 보니 신규 고객을 유치하는 데 애를 먹고 있다고 했다.

입소문이
중요해요

출장 네일 서비스를 이용하는 고객 중 네일아트의 화려한 기술을 요구하는 이들은 드물다. 깔끔한 기본 스타일의 젤네일을 원하는 이들이 대다수다 보니 실력보다 고객을 대하는 태도 자체가 영업에 영향을 미친다. 예를 들어 시술 후 전 처리가 미숙하거나 마무리 시술이 꼼꼼하지 못한 경우는 고객이 먼저 눈치채고 클레임을 건다. 젤이 벗겨지지 않고 오래간다는 건 그만큼 시술을 꼼꼼하게 한다는 뜻이다. 고객들이 선호하는 출장 네

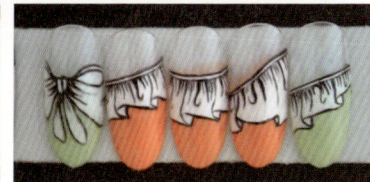

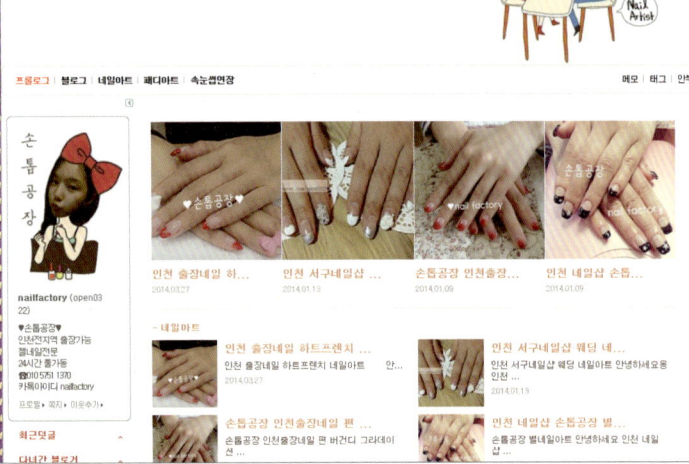

5000만 원으로 점나가는 네일숍 창업하기

손톱공장

| 프롤로그 | 블로그 | 네일아트 | 페디아트 | 속눈썹연장 |

메모 | 태그 | 안부

nailfactory (open03 22)

♥손톱공장♥
인천전지역 출장가능
젤네일전문
24시간 통가동
☎010 5751 1370
카톡아이디 nailfactory

프로필 ▶ 쪽지 ▶ 이웃추가 ▶

최근댓글

다녀간 블로거

인천 출장네일 하...
2014.03.27

인천 서구네일샵 ...
2014.01.13

손톱공장 인천출장...
2014.01.09

인천 네일샵 손톱...
2014.01.09

- 네일마트

인천 출장네일 하트프렌치 ...
인천 출장네일 하트프렌치 네일아트   안...
2014.03.27

인천 서구네일샵 웨딩 네...
인천 서구네일샵 웨딩 네일아트 안녕하세요몽
인천

손톱공장 인천출장네일 편...
손톱공장 인천출장네일 편 버건디 그라데이
션 ...

인천 네일샵 손톱공장 별...
손톱공장 별네일아트 안녕하세요 인천 네일
샵 ...

손톱공장

예약*문의 010 5751 1370

까똑 아이디 nailfactory

젤네일전문

네일아트 / 페디큐어

인천 전지역 출장가능

이수빈 사장은 '출장 네일'을 검색하면 자신의 블로그로 연결되도록 꾸준
히 홍보했다. 매일 하루에 30분씩 블로그에 사진과 글을 업데이트한다.

일리스트는 모두 이런 꼼꼼한 시술 방식으
로 일감을 꾸준히 받고 있다. 손톱공장의 하
루 평균 출장 건수는 대략 5~6회. 월평균
매출은 약 300~350만 원 수준이다.

출장 네일리스트 입장에서는 한 장소에
모여서 단체로 시술받는 고객을 선호한다.
예를 들면 젊은 아기 엄마들의 모임이나 유
흥업소 직원들이 단체 시술을 받는 경우다.
한 번 시술에 네일아트와 페디큐어를 동시에

하므로 매출도 그만큼 높아진다. 이수빈 사장은 1회 출장에 최
고 200만 원 넘게 매출이 나온 적도 있다고 했다. 하루 동안 한
장소에서 고객 여러 명을 상대하면 네일리스트의 체력 부담도
덜하다.

출장 네일리스트에게도 직업적 고충이 있다. 깐깐한 고객은
시술을 받고 난 후 2~3일 뒤에 벗겨진 부분을 다시 시술해 달
라고 요구하기도 한다. 왕복 교통비를 생각하면 손해를 볼 수
도 있지만 단골의 A/S 요청을 거절하면 거래가 끊기기 때문에
어쩔 수 없이 받아들여야 한다. 출장 네일리스트가 일반 네일
숍 사장보다 더 꼼꼼하고 완벽하게 시술해야 하는 이유는 이처
럼 A/S로 인한 영업 손실을 막기 위한 목적도 있다.

출장 네일리스트에게는 정해진 휴일이 없다. 일이 없으면 쉬
고, 일이 있을 때는 새벽이라도 출장을 나간다. 고객이 언제 시
술 예약을 할지 모르므로 전화벨 소리에 예민해진 청각도 어

이수빈 사장의 작품

낄 수 없는 직업병이다. 당일 예약이 물밀 듯 들어오면 동선을 고려해 스케줄을 조정하는 일도 만만치 않다. 팔과 어깨가 결려 한의원에 가서 침을 자주 맞는다고.

이수빈 사장은 날씨가 추운 비수기에 매출 저하를 막기 위한 나름의 노하우를 가지고 있다. 블로그를 통해 주기적으로 50퍼센트에서 최대 70퍼센트까지 가격 할인 행사를 한다. 1회 시술 값으로 두 명을 시술해주는 '1+1이벤트'도 한다. 출장 네일리스트에게 겨울철 영업은 인건비 싸움이다. 몸을 낮추고 더 많은 고객을 만나는 것 외에는 달리 방법이 없다.

출장 네일은 정해진 가격표가 있는 게 아니므로 네일리스트가 요령 있게 가격을 책정하는 게 관건이다. 하루에 수많은 고객을 상대하다 보면 가격 기준을 다르게 적용해 당황하는 일도 생긴다. 예를 들어 컬러 시술과 젤네일 시술은 한 손가락과 두 손가락 시술 비용이 각각 달라서 실수로 가격을 헷갈릴 수 있다. 고객으로서는 가격이 수시로 달라지면 네일리스트를 향한 신뢰가 깨질 수 있기에 주의해야 한다.

이수빈 사장은 이런 곤란한 상황을 막기 위해 출장 예약 과정에서 시술 범위가 어느 정도인지 파악하고, 고객에게 시술 비용을 미리 알려주는 편이다. 가격 결정을 유동적으로 해야 하는 이유는 고객의 소비 감각이 달라서다. 살림하는 주부들

Points!

하루 평균 출장 건수는 대략 5~6회. 월평균 매출은 약 300~350만 원 수준이다.

Points!

**물건을 들고
걷는 일이 많아
강한 체력이
필요하다.**

은 1000원 차이에 민감하게 반응하기 때문에 할인을 많이 해 주는 편이다. 출장 네일을 신청하는 주부들은 지역에서 입소 문을 퍼뜨리는 당사자라서 더 신경을 써야 한다. 고객 한 명 뒤 에 더 많은 고객이 숨어 있다. 그래서 한 번이라도 시술을 잘못 하면 악소문이 퍼져 고객 다수와 거래가 끊기는 불행한 일이 생기기도 한다.

나만의 필살기

출장 네일의 강점은 무엇보다도 가격 경쟁력이다. 임대료와 별도의 시설투자비 없이 재료비만 투자하므로 시술 가격을 마음대로 정할 수 있다. 7~10만 원대 젤네일 시술도 출장 네일 서비스는 5만 원대로 가능하다. 다만 일반 네일숍과 달리 고객에게 현금 결제를 요구해야 하고, 차량이 없으면 영업하기 어렵다는 단점도 있다.

창업 비법 전수

네일리스트라고 해서 모두 출장 네일에 적합한 건 아니다. 고객이 원하는 스타일을 파악하고 그에 맞춰 시술해주는 일은 네일아트 시술 능력만으로는 부족하다. 고객이 어떤 유형의 네일아트를 좋아하는지 정확히 알고, 고객에게 시술해주는 동안 적극적으로 서비스를 할 줄 아는 능력이 있다면 도전해보라. 한곳에 얽매이기 싫어하고 자유롭게 일하는 걸 좋아하는 사람에게 맞는 직업이다.

장부 엿보기

출장 네일리스트는 매출액에서 기름값과 재료비를 제하면 고스란히 수익으로 잡힌다. 하지만 매달 매출이 일정하지 않다는 단점도 있다.

매출액: 300~350만 원
재료비: 30~40만 원
월 순수익: 250~300만 원

Sontop Factory

Rosetta Nail

네일 카페 | 동작구 로제타네일

팔방미인을 위한 창업

○ **이름** 로제타네일
○ **위치** 서울시 동작구 신대방동
○ **개업** 2010년 6월
○ **투자금** 4500만 원
○ **규모** 15평
○ **메뉴** 컬러 체인지 7000원, 젤 10만 원, 패디큐어 2만 5000원대

공간 자체를 서비스 상품으로 취급하는 업종에서는 이질적인 두 업종을 혼합하기도 한다. 이를테면 네일숍에서 커피를 함께 파는 것이다. 네일숍과 카페의 교집합이 '편안한 공간에서 나만의 시간을 가질 수 있는 곳'이므로 퓨전 창업인 '네일 카페'는 꽤 어울리는 조합이다.

로제타네일의 전선영 사장은 욕심이 많은 사람이다. 고객이 네일아트와 선탠, 속눈썹 연장까지, 한 매장에서 해결할 수 있는 공간을 만들겠다는 생각으로 창업했다. 고객이 원하면 네일리스트가 되었다가 속눈썹 시술을 해주기도 하고, 가게 한쪽에 커튼을 치고 선탠을 해주는 사람으로 변신하기도 한다. 이렇게 삼박자를 맞추는 이유는 물론 더 많은 매출을 올리기 위해서다. 그렇지만 그 역시 직업이 무엇이냐는 질문에는 네일리스트라고 답한다.

. .

인테리어를 전공한 전선영 사장은 전업주부였다가 돈을 벌고 싶은 마음에 37세에 네일아트를 배웠다. 주부일 때도 틈틈이 구체관절인형 옷을 만들어 팔면서 영업을 했던 터라, 손재주와 세일즈 능력을 동시에 살릴 수 있는 네일아트에 자신감 있게 도전했다. 네일아트 학원에서 5개월 과정을 수료하고 곧바로 창업했다.

창업하고 2년간 연 매출이 1억을 넘을 정도로 장사가 잘됐다. 상권 조사도 없이 네일숍을 차렸지만 어릴 때부터 살던 동네라서 입지가 손바닥 보듯 훤했다. 보증금 2500만 원에 월세는 145만 원. 주변에 원룸을 포함한 주택 단지가 많다는 점을 노렸다.

처음에는 전단과 현수막 홍보보다 발로 직접 뛰는 홍보 활동을 펼쳤다. 대로변에 입지해 홍보만 잘된다면 승산이 있으리라고 생각했다. 나이트클럽

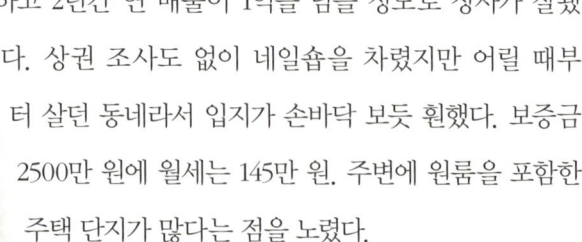

네일리스트이면서도
속눈썹 시술까지 소화
하는 전선영 사장.

Points!

카페 안쪽에 3평 규모의 네일아트 시술 공간이 있다.

카페에서 사용하는 에스프레소 머신을 들여놓았다.
다양한 재료를 갖추고 있어 손님들의 취향에 맞는 시술이 가능하다.

이 위치한 신림동 유흥가에서 명함을 돌리
고, 주점이나 클럽에서 일하는 여성들을 핵
심 고객으로 삼았다. 명함 안에 메뉴를 넣
고, 네일 버퍼를 홍보 용품으로 나눠줬더니
반응이 왔다.

창업 시크릿

서비스는 과감하게
서비스 하나에 일일이 금액을 붙여
가며 계산하지 않았고 단골을 만든
다는 생각으로 과감하게 서비스했
다. 컬러네일 시술 고객이라도 한가
한 시간에 매장에 오면 젤네일 서비
스를 무료로 해주기도 했다. 뛰어난
시술 능력보다 손님들을 편안하고
즐겁게 만들 줄 알아야 매출이 오
른다.

전선영 사장은 소비 성향이 강한 유흥업
소 종사자들에게 단가가 비싼 아트 시술을
추천했고, 인근 지역 주부들과 직장인에게
는 컬러네일을 권했다. 컬러네일은 가격을
낮췄지만 아트네일은 단가를 높게 불러도 수
요가 충분했다. 멋을 부리기 좋아하고 직업적으로 자신을 꾸며
야 하는 고객들을 대상으로 영업했기에 선탠이나 속눈썹 매출
로도 자연스럽게 연계됐다.

젤네일 시술이 유행을 타면서 로제타네일 주변에도 다른 네
일숍이 하나둘씩 들어서기 시작했다. 시술의 차별화가 아닌,
가격 경쟁 구도가 형성되면서 한동안 매출이 적자였던 시기도
있었다. 리모델링과 함께 매장 콘셉트의 변화가 필요한 시점에
전선영 사장은 네일 카페로 과감한 변신을 시도했다. 네일아트
를 받으러 온 손님들이 대기 시간 동안 커피를 마시며 대화를
나눌 수 있는 공간을 만들어보고 싶었던 것이다.

네일숍에서도 커피를 마시고 쉴 수 있는데 군이 커피 매장으
로 리모델링을 할 필요가 있을까? 전 사장은 네일숍을 창업할

때처럼 자신이 좋아하는 일을 한 것뿐이다. 커피를 좋아하고 네일에 관심이 있는 사람들이 모여 앉아 대화를 나눌 공간을 만들고 싶었던 게 그의 바람이다. 그에 맞춰 네일리스트로 일하던 직원들에게 커피 교육도 했다. 현재 로제타네일의 직원은 커피 로스팅까지 소화하는 바리스타를 겸하고 있다.

매장은 리모델링 비용으로 꽤 큰돈을 들여 프로방스풍에서 호텔 라운지풍으로, 카페 분위기가 물씬 나게 바뀠다. 뭐든지 부딪혀보고 실패해서 보완하는 게 그의 스타일인 듯싶었다. 로제타네일은 네일숍과 카페 공간이 완전히 분리돼 있다. 약 17~18평 규모의 매장에 네일숍은 4평 남짓. 비율로 따지면 카페 공간이 훨씬 넓어서 밖에서 보면 카페처럼 보이지만, 매장 내부에 들어서면 자연스럽게 네일숍으로 연결되는 구조다. 네일숍은 출입문을 미닫이로 닫을 수 있게 만들어 외부와 독립된 공간으로 구성했으며 따로 '퀸스테일'이라는 상호도 붙였다.

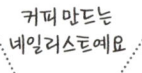

커피 만드는
네일리스트예요

네일리스트가 바리스타를 겸할 수 있을까?

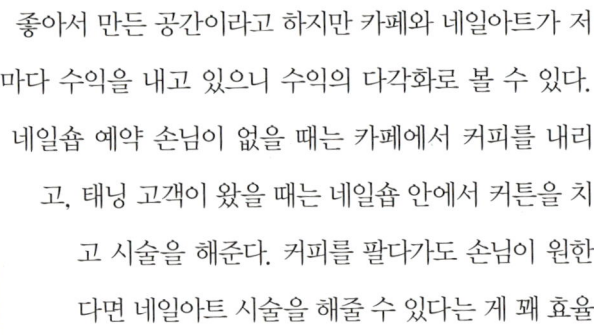

좋아서 만든 공간이라고 하지만 카페와 네일아트가 저마다 수익을 내고 있으니 수익의 다각화로 볼 수 있다. 네일숍 예약 손님이 없을 때는 카페에서 커피를 내리고, 태닝 고객이 왔을 때는 네일숍 안에서 커튼을 치고 시술을 해준다. 커피를 팔다가도 손님이 원한다면 네일아트 시술을 해줄 수 있다는 게 꽤 효율

네일리스트가 커피 메이커를 능숙하게 다룰 수 있다.
카페는 손님들에게 파티룸으로 대여해주기도 한다.

적으로 보인다.

전선영 사장은 네일아트와 마찬가지로 커피 역시 독학으로 배웠다. 책과 동영상을 보고 끊임없이 연습을 반복하는 게 학원 강습에 참여하는 것보다 훨씬 효율적이라고 말한다. 그는 에스프레소 추출 기계를 들여놓고 고객들에게 시음을 권하며 커피맛을 점점 보완했다.

카페 공간을 파티 룸으로 대여
생일 파티나 기업 회식 장소, 혹은 파티룸으로 카페를 대여해주고 40~50만 원을 받는다. 고객이 요청하면 주류와 커피 서비스를 제공하고 파티에 필요한 소도구까지 빌려준다. 매장에서 주류를 취급하기 위해 네일숍과는 별도로 일반 사업장으로 허가를 받았다.

매출은 어떨까? 로제타네일의 매출 비중에서 가장 큰 규모를 차지하는 건 네일아트다. 네일아트 고객이 있기 때문에 왁싱과 제모, 선탠 시술이 가능하고 영양제와 커피까지 팔 수 있다. 전선영 사장은 매출 계산을 정확히 하고 다변화하려고 노력한다. 네일아트는 손가락당 5000원, 보수와 랩핑도 5000원. 100만 원짜리 회원권을 팔아 하루 평균 60만 원씩 매출을 끊을 때도 있다. 커피는 아직 하루 매출이 2~3만 원에 불과해 네일아트가 주업, 커피가 부업이다. 네일 카페 입지가 확고해지면 커피 값을 올리고 샌드위치와 토스트를 곁들여 매출을 끌어올릴 계획이다.

· ·

전선영 사장은 자격증이 중요한 게 아니라 경험이 쌓이고 노하우가 생기면 누구나 자신처럼 할 수 있다고 했다. 어느 정도는 타고난 손재주가 있어야 한다. 어떤 고객과도 대화할 수 있는 센스와 대화법, 그리고 상품과 서비스를 똑똑하게 판매하

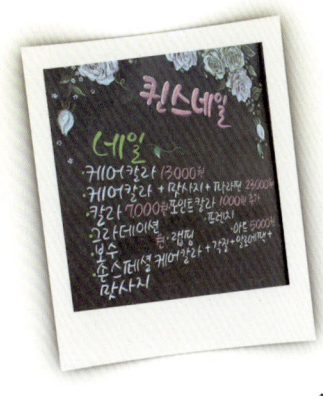

퀸스네일 POP 광고판

는 서비스 정신이 뒷받침된다면 기술이나 능력은 그다음 문제다.

네일아트만 전문으로 하고 카페에는 직원을 두겠다는 건 무모한 시도다. 전선영 사장 역시 처음에는 정직원을 따로 채용했지만 현재는 인건비 문제로 시간대별로 아르바이트생을 쓴다. 커피와 네일아트 둘 다 좋아해야만 어느 한 가지도 놓치지 않을 수 있다고 했다. 아직은 로제타네일 역시 실험과 도전을 거듭하는 중이다. 로제타네일이 앞으로도 꾸준한 매출을 유지한다면 카페와 네일숍을 결합한 네일 카페도 '퓨전 창업'의 가능성을 증명하는 새로운 사업모델이 될 것이다.

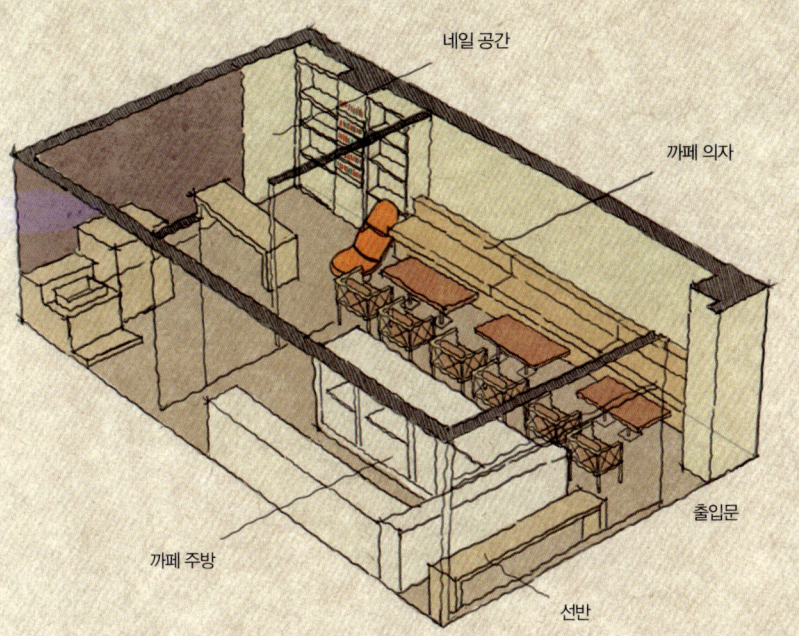

네일 공간

까페 의자

까페 주방

출입문

선반

카페와 네일숍이 문을 사이에 두고 분리돼 있다. 네일숍보다 카페 공간을 넓게 구성해 매장 밖에서는 카페처럼 보인다. 네일숍 안에는 시술 작업대와 선반, 개수대가 있으며 매장 밖에서는 네일숍이 보이지 않는다.

Shop

매장을 카페 겸 파티룸으로 꾸민 것이 특징이다. 카페로만 활용했다면 공간이 불필요하게 넓었겠지만 파티룸을 겸하고 있어서 효율적으로 쓸 수 있다.

나만의 필살기

네일아트는 창작의 영역이다. 이 때문에 네일숍을 운영하고 있는 네일리스트 역시 부단한 연습이 필요하다. 드라마와 영화에서 나온 네일아트를 눈여겨보고 트렌드에 민감하게 반응하는 한편 자신만의 아이디어를 그림으로 표현해내는 연습도 꾸준히 한다. 네일아트는 특히 꽃 그림이 많으므로 평소 그림 연습을 꾸준히 해둘 필요가 있다.

창업 비법 전수

꾸미기에 관심이 많고 뭐든 의욕적으로 도전해볼 수 있는 사람이면 창업해보라. 네일 카페를 창업한다면 네일아트에 전문성을 가질 때까지 경험을 쌓고 커피는 재료를 구매해 혼자 연습하면 된다. 커피를 내리다가도 네일 시술 고객이 들어오면 네일리스트로 변신할 수 있을 정도로 철저한 자기 관리가 필요하다.

장부 엿보기

아직까지 카페 매출보다 네일아트 매출이 더 높은 것이 약점이다. 카페 공간을 활용해 여름철 빙수 판매나 샌드위치 판매로 매출을 더 늘릴 계획이다.

매출액: 800~900만 원
재료비: 150만 원
임대료: 150만 원
인건비: 100만 원
월 순수익: 200~400만 원

Rosetta Nail

Forsy Nail

백화점 숍인숍 | 포쉬네일 모란점

네일케어에 힐링을 더하라

- **이름** 포쉬네일 모란점
- **위치** 경기 성남시 중원구
- **개업** 2013년 7월
- **투자금** 5000만 원
- **규모** 5평
- **메뉴** 기본 1만 5000원, 젤 5만 원, 아트 5000원~2만 원대

백화점이나 대형 마트에 입점하면 유통업체 브랜드의 도움으로 고객을 유입하는 효과가 있다. 별도의 권리금이 없고 로드숍에 비해 비교적 저렴한 임대료도 장점이다. 하지만 건물 안에서도 매장 입지에 따라서 매출 차이가 나기도 해 점주에게는 유통업체 입점이 위기로 작용할 수 있다.

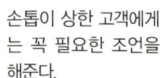

네일아트 학원 강사 출신으로 지난해 7월 경기도 성남에 포쉬네일 모란점을 창업한 명미나 사장은 백화점이나 대형 마트 입점이 불러올 위기와 기회의 양면을 모두 알고 있었다. 프랜차이즈 가맹을 통해 모란역과 연결된 뉴코아아울렛 여성복 매장 안에 입점할 기회를 잡았는데, 그동안 같은 자리에서 네일숍을 운영하던 사장들은 경영상 어려움으로 매장을 정리했다. 심지어 주변 네일숍들도 문을 닫고 하나둘씩 떠나는 시점이었다. 처음 매장을 열었을 때 인근 네일숍에 단골로 있던 고객이 찾아온 때도 있었다. 명미나 사장은 왜 네일숍이 망하는지, 주변 상권을 분석하면서 직원들과 여러 번 회의했다.

자신의 얼굴이 알려질 것 같아 주변 네일숍에 직원을 보내 시술을 체험하도록 했다. 그 결과는 매우 황당했다. 시술의 질은 큰 차이가 없었지만 서비스 질이 낮았다. 네일 학원에서 서비스 강사로 활동했던 명미나 사장은 네일숍의 질 낮은 서비스야말로 고객이 떠날 수밖에 없는 요인이라는 걸 잘 알고 있었다.

네일숍이나 음식점이나 장사가 안되는 곳은 다 이유가 있다. 고객들은 음식 맛이나 네일 시술 능력보다 서비스를 더 중시한다. 모란역 주변 네일숍 중 폐업한 곳들은 질 낮은 서비스로 가격 경쟁을 벌이다가 장사를 접은 경우가 대부분이었다.

네일숍 운영에서 서비스가 중요하다는 걸 모르는 점주가 있을까? 문제를 알아도 뾰족한 해결 방법을 찾지 못하는 이들도 많다. 서비스 문제를 어디서부

손톱이 상한 고객에게는 꼭 필요한 조언을 해준다.

Points!

매장을 한 번 방문한 고객에게도 단골을
대하듯 친절하게 서비스한다.

사소한 인테리어도 고객의 편의를 최우선으로 했다.
여성복 매장 내에 위치한 네일숍은 출입문이 따로 없이 개방돼 있다.

터 어떻게 손을 대야 할지 막막할 수도 있다. 명미나 사장은 그래서 매장을 운영할 때 직원 채용에 가장 공을 들인다. 시술에 자신이 없는 직원, 마지못해서 고객을 상대하는 직원을 채용하면 서비스가 제일 먼저 타격을 입기 때문이다.

창업 시크릿

아는 사람을 직원으로 써라
매장을 처음 열 때부터 그동안 알고 지내던 사람을 네일리스트로 스카우트했다. 최고의 실력자보다는 뛰어난 실력을 갖추기 위해 노력하고, 고객을 최고로 우대하겠다는 마음가짐이 있는 직원을 뽑았다. 덧붙여 너무 어린 직원보다는 고객들에게 참을성 있게 응대하며 아르바이트생들을 관리할 역량 있는 30대 직원들을 선호한다.

고객을 최우선으로 두겠다는 마음가짐이 있으면 네일 시술의 모든 서비스가 고객 중심이 된다. 네일 시술을 많이 해서 손톱이 상한 고객을 예로 들어보자. 네일을 지울 때 무심코 아세톤을 쓰는 네일숍에 다녔던 고객이다. 포쉬네일 모란점에서는 네일을 지울 때도 아세톤 무첨가 젤을 쓴다. 싼 제품을 쓰면 이윤은 더 남겠지만 고객을 먼저 생각하면 그럴 수 없다.

시술을 지나치게 강요하지도 않는다. 고객이 특정 시술을 원한다고 해도 손톱 상태가 좋지 않다면 예약 고객도 돌려보낸다. 손톱에 휴식 기간이 필요한데도 젤 시술을 해달라는 고객에게는 고객의 건강이 우선이니까 다음에 오면 서비스를 더 잘해주겠다고 설득한다. 이 때문에 고객은 자신의 손톱 건강을 신경 써주는 네일리스트에게 고마움을 느끼고 손톱이 건강해지면 반드시 다시 찾아온다. 물론 주변 사람들에게 매장을 추천하는 것도 잊지 않는다.

명미나 사장이 창업 시 가장 신경 썼던 부분은 개업 매장의 할인 폭이다. 고객이 매장에 관심을 두게끔 일정 부분 이익을 포기한 할인 행사는 홍보에 매우 중요하다. 포쉬네일 모란점은 개업 당일부터 한 달간 컬러네일 시술 균일가 9900원 이벤트와 젤네일 시술 50퍼센트 할인 행사를 했다. 본사에서 초기 세일즈와 홍보 차원에서 할인 폭을 제시하지만, 점주가 분명한 할인 기준을 갖고 있어야 매출이 흔들리지 않는다. 물론 처음에는 10만 원짜리 시술을 5만 원만 받고 해준다고 생각하면 아까울 수 있다. 고객이 10명, 20명 늘어나면 할인해주느라 놓친 돈이 생각나서 이벤트를 후회할 수도 있다. 하지만 과감한 할인을 통해 고객의 눈길을 잡아끈다면 이후 2~3개월 영업을 안정적으로 이끌어나갈 기반을 만들 수 있다.

포쉬네일 모란점은 그래서 고객에게 기대지도, 고객보다 앞서지도 않고 적정한 보조를 맞추면서 매달 다양한 이벤트를 연다. 1만 5000원 이상 시술 고객에게 핸드크림을 제공하는 제품 이벤트나 무료 시술권 증정 행사를 2~3주 간격으로 바꿔서 홍보하고 있다. 입점한 곳에서 매장을 위해 해주는 별도의 홍보 지원이 없으므로 철저하게 독립적으로 홍보해야 한다.

네일숍의 경쟁력은
네일리스트에게
있죠

프랜차이즈 창업, 믿고 해도 될까?

명미나 사장도 개업 이후 시행착오를 거쳤다. 창업

Works

HAPPY VALENTINE'S DAY

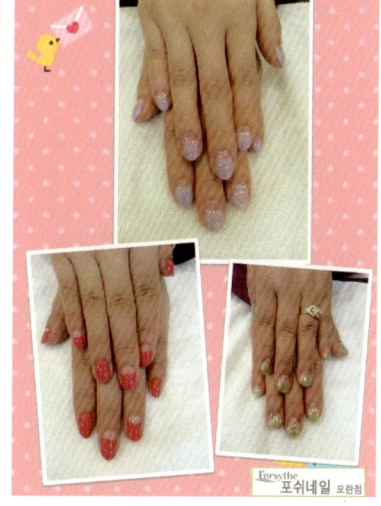

여러 가지 시술 샘플을 보여줌으로써 고객의 선택권을 존중한다.

이후 3개월 동안 매출이 1000만 원 이상 나오다가 4개월째 절반 가까이 떨어졌다. 할인 행사만 믿고 있다가 영업 관리에 신경 쓰지 못한 탓이다. 이후 3개월 동안 매장 운영 계획을 다시 짜면서 매출이 제자리를 찾았다.

가맹점 창업을 한 그에게 프랜차이즈 시스템에서 어떤 혜택을 받았느냐고 물었다. 온라인 마케팅 교육과 기술 교육, 그리고 각종 행사 서비스를 지원받았다고 했다. 네일숍 창업자들은 인테리어 비용이 많이 나온다고 고민하는데, 그는 프랜차이즈 시스템을 이용해서 자신이 원하는 쪽으로 인테리어를 바꾸었다. 매장 내부에 있던 답답한 벽을 걷어내고 작은 요소 하나까지도 자기 의견을 제시해 매장 콘셉트를 잡아나갔다.

명미나 사장은 프랜차이즈 가맹 시 본사에게 주도권을 전부 맡기는 것보다 가맹점주가 매장 인테리어부터 홍보 마케팅, 경영 전략까지 적극적으로 참여하는 것이 유리하다고 했다. '프랜차이즈에 맡겼으니 나머지는 다 알아서 해주겠지'라는 마음으로는 가맹으로 괜히 손해봤다는 느낌이 들 수도 있다. 본사 홈페이지를 수시로 참고하고 제품 관련 행사나 점주 교육을 활용하면서 자기 것으로 소화해야 한다.

··

명미나 사장은 앞으로 네일숍의 영업 형태에 변화가 필요하

프랜차이즈 가맹 시스템을 분석하라
프랜차이즈에 가맹한 점주들조차 가맹 시스템을 잘 모르는 경우가 많다. 단순히 어느 매장에서 어떤 서비스를 써먹었더니 효과가 있었더라는 식으로 단순 모방만 하려고 하면 안 된다. 가맹 시에는 본사에서 가맹점을 위해 어떤 지원을 하는지, 프랜차이즈 업체별로 본사의 운영 시스템을 꼼꼼하게 비교해보라.

고객 편의를 위해 개수
대를 설치했다.

다고 지적했다. 현재는 지나치게 가격 경쟁에만 몰두
하거나 서비스의 편차가 심해 업장 간 출혈 경쟁을 하
고 있다는 것이다. 그는 네일숍이 살아남기 위해서는
시술 차별화가 우선되어야 한다고 강조했다. 또한 시
술의 차별화를 통해 네일 시술의 부가가치를 높여
야 한다고 덧붙였다.

젤네일 시술이 초창기에 이익을 많이 남겼던 이유는
희소했기 때문이다. 하지만 지금은 웬만한 네일숍에서 모두들
젤네일 시술을 하고 있기 때문에 경쟁력이 떨어진다. 젤네일은
한 번 시술하면 고객들이 2주 이상 매장을 찾지 않으므로 매장
입장에서는 매출을 창출할 새로운 수단이 필요하다. 이에 명
미나 사장은 앞으로 네일아트를 잘받는 것뿐만 아니라 잘 지우
는 게 중요한 시대가 올 거라고 전망했다. 네일숍이 살아남으
려면 '네일 회복'에 방점을 찍어서 네일에 스파 개념을 도입해야
한다는 뜻이다.

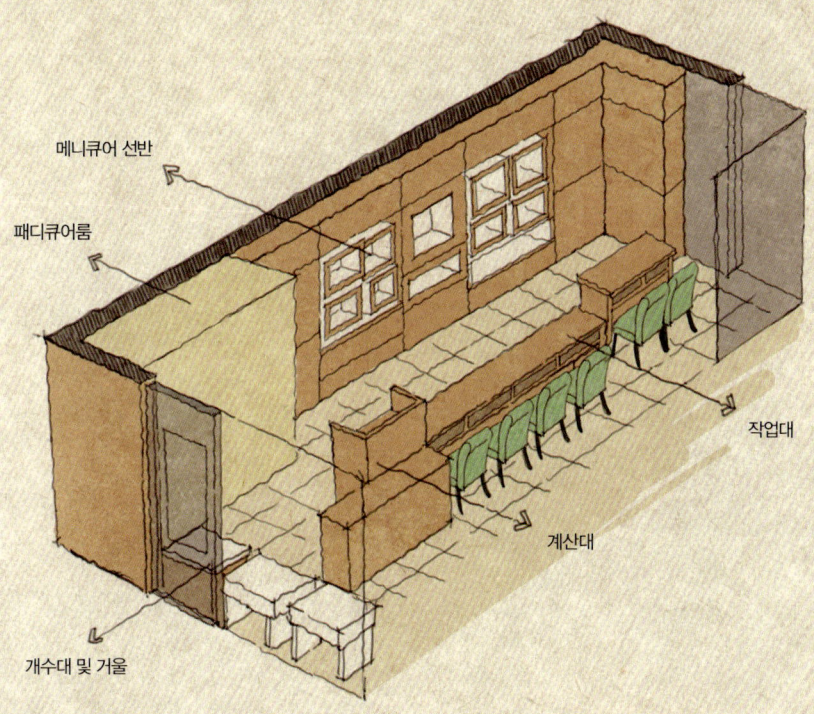

메니큐어 선반

패디큐어룸

개수대 및 거울

작업대

계산대

개방형 매장으로 출입문이 따로 없다. 매장 입구에 시술 작업대가 있어서 지나가던 고객이 들어와서 앉기 편하다. 매장 왼편에는 개수대와 고객이 앉아서 쉴 수 있는 의자가 마련돼 있다.

Points!

손상된 손톱 관리에 쓰이는 제품.
앞으로는 '네일 회복'이 중요한 시대가 올 것이다.

나만의 필살기

고객은 네일리스트 직원을 보고 네일숍을 찾는다. 네일숍의 첫 번째 고객인 직원을 아껴야 한다. 직원이 5년, 10년 이상 머무는 네일숍은 단골을 놓치지 않는다. 고객들이 매장을 계속 찾게 하려면 직원들의 급여와 휴무, 복리후생에 철저히 신경 써야 한다.

창업 비법 전수

네일아트를 잘 몰라도 경영 마인드만 제대로 돼 있다면 경쟁에서 뒤떨어지지 않는다. 하지만 네일리스트로서의 경력을 고민하는 직원들에게 앞길을 제시해주기 위해서는 네일리스트 경력을 가진 사장이 유리하다. 직원들은 일이 힘들 때 사장을 찾기 마련이다. 매장 운영이나 진로 문제와 관련해 고민을 털어놓는 직원들에게 답을 줄 수 있는 사장이 되어야 한다.

장부 엿보기

꾸준한 홍보와 할인 행사 덕분에 안정적인 매출을 올리고 있다. 숍인숍 입점으로 임대료를 줄이고 단골을 꾸준히 확보한 노력도 한몫했다.

매출액: 1000~1500만 원
재료비: 30~40만 원
임대료: 60만 원
인건비: 600만 원
월 순수익: 400~500만 원

Forsy Nail

Part

02

실전에서
바로 써먹는
알짜배기
창업 수칙

01

나만의 네일숍
어떻게 창업할까?

왜 하필 네일숍인가? 무엇 때문에 네일숍을 하려고 하는가?

네일숍 창업자라면 누구나 이 질문을 피해 갈 수 없다. 네일숍 창업도 엄연한 하나

의 사업이다. 즉 사업가 정신으로 임하지 않으면 실전에서 살아남기 어렵다. 실력과

서비스를 갖추지 못했다면 냉정하게 무릎을 꿇어야 하는 게 창업 시장의 논리다.

그렇다면 창업을 준비하기 전에 왜 네일숍 창업을 하려고 하는지 스스로 다시 한번

물어보자.

고객에게 네일 시술을 해주고 돈을 버는 게 창업의 전부인지 고민해보자.

네일아트를 아주 좋아해서, 내 가게를 차리고 싶어서, 돈을
많이 벌고 싶어서, CEO가 되고 싶어서 등등 네일숍 창업 동기
는 저마다 각양각색이다. 하지만 단지 높은 매출을 올리기 위
해 네일숍을 운영하려고 한다면 요즘 같은 치열한 경쟁 시대에
살아남을 수 없다. 물론 돈을 많이 벌고 잘 먹고 잘사는 게 창
업의 목적이긴 하다. 하지만 그것이 전부라면 나만의 경쟁력을
찾기가 어렵다. 이미 수많은 네일숍이 같은 목적으로 창업했
고, 단돈 1000원이라도 가격을 낮춰서 고객을 끌기 위해 엄청
난 노력을 하고 있다. 그런데 이런 상황에서 오로지 돈을 버는
목표에만 집중한다면, 네일숍의 경쟁력 부분에서 그리 높은
점수를 받기가 어렵다.

그렇다면 어떤 사람이 네일숍 창업에 적합할까? 창업자는 자신이 하는 사업을 통해 사회에 의미 있는 기여를 하는 사람이다. 한마디로 내가 영위하는 사업을 통해 나 혼자가 아닌 사회 구성원을 위해 헌신하는 사람을 말한다. 네일숍을 창업하는 사람에게도 당연히 창업자의 기질이 필요하다. 창업자 마인드는 고객서비스 관점을 바꿔주기 때문이다.

네일숍 창업으로 성공하고 싶은 사람은 많지만 누구나 성공하는 것은 아니다. 왜 그럴까? 기본적으로 '고객에게 가치 있는 사업가가 되겠다'는 마음가짐이 없기 때문이다. 네일숍을 단순히 고객에게 네일아트를 해준 댓가로 돈을 받아서 수익을 남기는 일로만 생각해서는 안 된다. 네일숍을 찾는 고객이 네일리

네일 시술 도구를 점검하듯 네일리스트의 마음가짐도 점검해봐야 한다.

스트로 인해 행복해지고, 더 많은 이들에게 네일숍이 알려져서 사업이 번창하는 것을 꿈꿔야 한다.

창업자가 자신이 고객에게 서비스하는 네일리스트라는 마음가짐을 가지고 있다면 이미 성공의 조건은 갖춘 셈이다. 그다음은 네일숍 창업자로서 핵심 경쟁력을 갖춰야 한다. 적은 돈으로 창업해서 많은 돈을 벌 수 있는 네일숍 창업은 성공의 문이 넓다. 하지만 진입 장벽이 그만큼 낮다는 뜻이기도 하다. 현재 경쟁력 있는 네일숍은 저마다 특화된 기술, 혹은 서비스로 치열한 경쟁을 벌이고 있다. 소자본 창업일수록 자신만의 특화된 경쟁력이 필요한 것은 이 때문이다. 타 매장과의 경쟁에서 차별화를 이룰 수 있는 기술 혹은 서비스를 갖추지 않은 네일숍은 살아남을 수 없다.

고객이 왜 우리 매장을 선택해야 하는가?

나만의 경쟁력을 갖기 위해서는 무엇이 필요할까? 우선 시대의 흐름을 읽어야 한다. 네일 업계의 유행은 무엇인지, 끊임없이 변화하는 환경에서 무엇을 받아들일지 고민해야 한다. 창업자는 가게가 문을 연 시점에서 수많은 기회와 위협을 맞닥뜨린다. 이때 자신을 둘러싼 외부 환경의 기회 요인을 분석하고, 창업자 자신의 약점과 강점을 검토함으로써 나만의 경쟁력을 창출해야 한다.

창업자에게 필요한 자질 중 하나는 결단력이다. 창업자는 자신에게 사업 기회가 왔을 때 주저하지 않고 결단을 내린다. 기회는 모든 사람에게 찾아오지만 기회를 활용하는 사람만이 성공한다. 이런 감식안을 갖기 위해서는 자신의 사업체와 시장을 통찰할 수 있는 풍부한 경험과 지식이 필요하다. 네일숍 창업을 한 사람이라면 현재 뷰티 산업의 실태와 전망, 그리고 자신만의 경쟁력은 무엇인지 확실히 인식하고 있어야 한다.

창업자는 한번 결심한 내용은 신속하게 행동으로 옮긴다. 성공한 창업자들은 원칙에 충실하고 문제가 닥쳤을 때 이를 끈기 있게 해결해나가는 인내력을 갖고 있다. 자신이 하는 일에 애착이 있고, 그 일을 통해 성취감을 맛보고 싶다면 어떤 위기가 찾아와도 포기해서는 안 된다. 이를 위해 꾸준한 집중력도 필요하다. 자신이 하는 일에 깊이 몰입하고, 한번 정해진 목표를 성취하기 위해서는 다른 모든 것을 포기할 수 있다는 자세로 임해야 한다.

창/업/포/스/트/잇

성공하는 사업의 3대 요소는?

제품 경쟁력과 서비스, 세일즈다. 이 세 가지가 모두 균형을 이뤄야 한다. 제품 경쟁력이 있더라도 서비스가 뒤처지면 고객을 끌어올 수 없고, 제품 경쟁력과 서비스를 갖추고 있음에도 세일즈에 실패하면 사업을 접어야 한다. 자신의 사업 경쟁력을 생각할 때 이 세 가지 요소를 염두에 두고 노력한다면 성공 확률이 그만큼 더 높아진다.

창업자는 사업에 왕도가 없다는 사실을 알아야 한다. 오직 철저한 준비를 통해 창업 환경을 이해하고, 지식과 정보를 축적하며 이를 성실하게 실행에 옮겨나가는 사람만이 목표를 성취할 수 있다. 지금 자신에게 다시 한번 물어보자. 나는 네일숍을 경영하는 사업가가 될 준비가 되어 있는가? 내 가게는 다른 네일숍과 차별화된 경쟁력을 갖고 있는가? 이 두 가지 질문에 자신 있게 대답할 수 있다면 네일숍 창업에 뛰어들 준비가 된 것이다.

핵 / 심 / 포 / 인 / 트 / 요 / 약

예비 창업자가 알아두어야 할 창업 원칙 5

1. 실패하지 않겠다는 각오로 뛰어들어라.

창업 자본이 넉넉하지 않다면 실패 확률을 줄이는 게 관건이다. 한번 망하면 끝이라는 각오로 실수할 만한 요소를 최대한 줄이는 등 창업 과정에서 완벽주의를 추구해야 한다.

2. 장기적인 관점으로 바라보라.

단시간에 수익을 내겠다는 성급함을 버려야 한다. 창업은 단거리 경주가 아니라 마라톤과 같다. 설령 성공 아이템을 찾았다고 해도 쉽게 돈을 벌 생각을 하면 안 된다. 위험성이 높은 고수익 아이템보다 안정적이면서 오랫동안 할 수 있는 아이템을 생각해야 한다.

3. 모든 사람을 고객으로 만들겠다는 욕심을 버려라.

창업자의 욕심과 달리 실제로는 모든 고객에게 만족을 줄 수 없다. 우선 자신이 공략하려고 하는 고객의 취향과 연령층을 정하자. 소비자 타깃의 범위를 좁게 정해 딱 맞춰 공략하는 것이야말로 소자본 창업자의 효과적인 전략이다.

4. 여유 자금을 준비해두라.

흔히 '장사가 안되더라도 1년 정도 버틸 자금을 마련해두라'는 말이 있다. 한번 실패하면 돌이킬 수 없는 게 창업이기 때문이다. 창업을 처음 하는 사람일수록 여유 자금을 항상 만들어두는 것이 좋다. 이를 위해 초기 창업 자금을 최대한 절약하는 방법을 생각해두자.

5. 정보를 수집하라.

맨땅에 헤딩하는 식으로 창업하는 시대는 지났다. 장사를 하려면 정보가 많아야 한다. 평소 창업 관련 정보를 얻기 위해 책이나 잡지를 꾸준히 살펴보고 새로운 정보는 스크랩해둘 필요가 있다. 가장 중요한 것은 실제로 장사하는 사람들을 찾아다니면서 현장 지식을 쌓는 것이다.

예비 창업자에게 도움을 주는
창업 지원 기관

PLUS
TIP!

● **서울산업통산진흥원(www.edumom.seoul.kr)**
창업을 준비하는 주부나 직장 여성들을 위해 온라인상에서 창업 교육 서
비스를 진행한다. 외식, 유통, 인터넷 창업 과정과 IT 및 디자인 교육, 경제,
재테크 교육 등의 실무 과정을 실시하고 있다.

● **소상공인진흥원(www.sbdc.or.kr)**
성공 창업 패키지 교육을 통해 예비 창업자의 창업 적성 진단, 이론 교육, 현
장 실습, 워크숍, 자금 지원, 사후 관리의 6단계 패키지형 지원을 실시한다.

● **한국여성인력개발센터(www.vocation.or.kr)**
전국 51개 여성인력개발센터에서 전문 직업 교육장을 운영하고 있다. 여성
창업자를 위한 창업 교육과 상담 프로그램을 시행하고 있으며 국비 프로그
램과 무료 강의도 있다.

02

네일 업계를
아시나요?

모든 산업에는 역사가 있다. 산업의 역사를 훑어보면 자신이 창업하려는 아이템이

어떻게 시장에 등장했는지, 어떻게 업종으로 자리 잡게 되었는지 알 수 있다. 중국

요리점을 예로 들면, 배달 음식의 시초부터 스마트폰 어플을 통해 배달 음식이 서

비스되는 오늘날까지의 발전 과정을 알고 있어야 하는 것과 마찬가지다.

네일 업계가 발전함에 따라 네일 재료도 점점 고급화되고 있다.

　온라인 쇼핑몰을 운영한다면 전자상거래의 흐름을 모르고
서는 사업하기 어렵다. 네일숍 창업 또한 마찬가지다. 한국에
서 네일숍이 처음 등장했던 시기와 배경, 그동안의 발전 과정
을 알아야만 현재 네일 업계의 현실과 미래상을 비교적 정확하
게 파악할 수 있다.

　국내에 네일 시장이 형성된 때는 1990년대 초반이다. 초창기
에는 유명 연예인이나 일본인 관광객을 상대로 서울 강남 압구
정 일대를 중심으로 네일숍이 활성화된 것으로 알려졌다. 현재
네일 업계의 성장을 주도한 1세대 네일리스트들이 미국과 일본
에서 네일아트 재료를 들여와 압구정 일대에 자리를 잡고 네일
숍을 운영했다.

전문가들은 초창기에 네일 용품 및 제품 판매를 목적으로 기본 케어를 해주며 시술했던 것이 네일숍의 개념으로 점차 확장된 것이라고 설명한다. 당시 압구정 갤러리아백화점은 국내 유명 네일숍이 입점한 상징적인 곳이다. 이후 압구정 일대에 로드숍이 번성하기 시작하면서 서울과 수도권을 중심으로 곳곳에 네일숍이 생겼고, 2000년대 들어 네일아트의 유행으로 전국에 네일숍이 폭발적으로 늘어났다. 현재 업계에서는 전국에 약 6000~7000개가량의 네일숍이 영업하고 있는 것으로 집계된다.

뷰티 서비스 관련 업종을 크게 헤어와 피부, 네일아트로 나눠본다면 12만여 곳에 달하는 피부관리숍과 미용실 수에 견

오늘날 네일아트는 1인 창업 아이템으로서의 독립 분야로 인식되고 있다.

주어 네일숍의 수는 비교적 적다. 하지만 그만큼 창업 시장에서 충분한 블루오션으로서 미래의 잠재 수요가 더 많은 업종이라고 해석할 수 있다. 미국 여성 중 절반 이상인 64퍼센트가 네일 서비스를 받는다고 하는데, 국내에서 네일아트를 받는 고객은 아직 일부인 것만 봐도 충분한 잠재 고객을 점칠 수 있다.

네일숍은 철저히 개인 능력에 따라 성과가 좌우되는 사업이다. 300~400만 원대 소자본으로 창업해도 억대 매출을 올리기도 하고, 3~4억가량의 많은 자금을 투자해도 적자가 나는 곳이 있다. 네일 아티스트는 인적용역사업자, 즉 프리랜서로 분류돼 사업자 등록을 하지 않고도 세금을 내고 정당하게 일할 수 있으며, 매장이 없더라도 출장 네일 형태로 일할 수 있어 선택의 폭이 넓다.

오늘날 미용실은 점점 대형화되는 추세이며 피부관리숍 역시 병원과 연계해 중·대형 규모의 창업 모델로 바뀌고 있지만, 네일아트는 여전히 1인 창업 아이템으로서의 독립 분야로 인식되고 있는 게 특징이다. 네일 업계의 1세대 창업자인 포쉬네일 김기상 이사는 네일아트는 국가자격증이 신설되는 만큼 잠재 수요가 무궁무진하다고 말한다. 그는 현재의 네일아트 산업을 한 업종의 발전 과정으로 분석할 때 도입기에서 성장기 초기로 진입하는 상태라고 보았다.

네일숍 창업의 전망

네일숍 창업 전망을 긍정적으로 보는 이유는 다양하다. 첫째, 네일아트 수요가 점점 늘고 있다. 여성들의 라이프스타일이 서구화되면서 헤어와 피부뿐 아니라 손발톱 역시 미용의 대상으로 보는 이들이 늘었다. 드라마나 영화에 출연한 연예인들이 네일아트를 한 것 또한 유행에 불을 지폈다. 네일아트가 외모 관리에 예민한 일부 여성들만이 향유했던 문화였다면, 이제는 젊은 계층은 물론 40~50대 주부들까지도 네일아트에 적극적일 만큼 대중화되었다. 두 번째로 네일숍 창업은 다른 창업 아이템과 달리 초기 투자비용이 많이 들지 않는다. 인테리어에 대한 욕심을 덜어낸다면 재료비와 임대료 외에는 큰돈이 들지 않는다. 예를 들어 8평 규모의 매장에서 네일숍을 창업한다면 일반적인 네일숍의 월평균 수익이 400만 원가량인 점을 고려했을 때 기타 비용을 제외하고 매달 150~200만 원가량의 순수익이 발생한다. 즉 소자본 창업에 적합하다.

포쉬네일의 김기상 대표가 네일숍 창업과 관련해서 한 언급이 흥미롭다. 미용실 안에서 숍인숍 형태로 네일숍을 운영하던 이들이 매출이 오르기 시작하면, 미용실과 계약을 해지하고 근처에 가게를 얻는 경우가 많다고 한다. 네일숍이 단골을 데리고 고스란히 자리만 옮겨서 영업할 수 있는 이유는 미용실보다 초기 투자 비용이 많지 않기 때문이다.

네일아트는 특히나 부가가치가 높은 서비스 업종이다. 단순 컬러 시술은 단가가 1~2만 원대로 낮지만 젤네일이나 네일아트는 1회 시술에 10만 원 전후로 가격대가 형성된다. 네일아트에서 재료비가 차지하는 비중이 10퍼센트 안팎인 점을 고려하면, 네일아트가 고부가가치를 창출하는 서비스 직종이라는 것을 알 수 있다.

　나아가 네일아트는 향후 국내 시장이 포화 상태로 접어들면 국외 시장에 진출해 창업할 수도 있다. 실제 네일숍을 운영하는 사업주 중에는 수년 뒤 국외로 나가서 네일숍을 차리고 싶어하는 사람이 많다. 이들은 네일아트에 강한 자부심을 품고 있다는 공통점이 있다. 기술력만 있다면 차별화된 서비스 경쟁력으로 국외 시장을 공략할 수 있다고 믿는 것이다.

　실제 중국을 비롯해 태국 등 동남아 국가에서 한국에 네일아트 기술을 배우러 오는 이들도 있다. 특히 중국은 한국인 네일리스트를 고용해 현지에서 네일숍을 운영하는 사업가들이 흔하다.

이들은 상대적으로 인건비가 저렴한 중국인 대신 한국인 네일리스트와 함께 경쟁력 있는 기술과 시스템을 갖춘 네일숍을 운영한다.

 왕초보 사장을 위한 창업 노하우

틈새시장을 공략하라

네일라인 심영광 사장은 대기업과 부동산 컨설팅 회사에 다니던 평범한 직장인이었다. 3년 전 네일아트 시장의 가능성을 보고 네일숍을 열었다. 그 역시 창업 초반에는 수많은 시행착오를 거쳤다. 남자가 네일숍을 어떻게 창업하느냐는 주변의 비판도 있었고, 프랜차이즈 가맹을 할 때 실수로 인테리어를 여러 번 바꾸느라 금전적 손실도 겪었다. 하지만 그는 1년의 시행착오를 거친 뒤 현재는 연 매출 1억 3000만 원을 올리는 네일숍 사장이 되었다. 그는 네일숍이 틈새시장이 많은 사업 아이템이라고 강조했다.

네일숍은 비교적 저렴한 비용으로 창업할 수 있는 숍인숍 창업에서 8~10평 규모의 소규모 매장, 그리고 프랜차이즈 미용업체들과 경쟁할 만한 중·대형 매장까지 선택의 폭이 넓다. 250만 원에서 1억 5000만 원까지 창업 금액도 천차만별이다. 최근에는 네일숍 또한 미용업체처럼 대형화 추세의 흐름을 따르고 있지만 소자본 창업자에게 네일숍 창업은 여전히 틈새시장을 공략할 좋은 기회다.

혹자는 하루가 멀다하고 문을 닫는 자영업자들이 수두룩한데 그 치열한 경쟁에서 자신이 살아남을 수 있을지, 그리고 그 대안이 네일숍 창업이 될 수 있을지 의심이 들지도 모른다. 하지만 의심만 있다면 아무런 창업도 할 수 없다. 창업에 대한 어려움은 족발가게, 치킨가게 같은 음식점이나 미용실, 슈퍼마켓을 창업할 때도 마찬가지다. 유동 인구가 많은 지역에서 성공 가능성이 큰 네일숍도 다른 업종과 별반 다르지 않다. 고정관념을 깨면 블루오션이 보인다. 아무리 포화 상태인 시장도 그 안을 유심히 들여다보고 분석하면 틈새시장을 읽을 수 있다.

핵 / 심 / 포 / 인 / 트 / 요 / 약

네일숍은 누구나 창업할 수 있는 업종이자 철저하게 개인 능력에 따라 성과가 좌우되는 업종이다. 300~400만 원대 소자본으로 창업해도 억대 매출을 올리기도 하고, 3~4억가량의 많은 자금을 투자해도 적자가 나기도 한다.

네일숍 창업의 가장 큰 장점은 다른 창업 아이템과 달리 초기 투자비가 많지 않다는 것이다. 인테리어만 소규모로 한다면 재료비와 임대료 외에는 큰돈이 들지 않는다. 8평 규모의 매장에서 월평균 400만 원가량의 매출이 생기는 점을 고려하면, 매달 150~200만 원가량 순수익이 발생해 소자본 창업 아이템으로 적합하다.

03

네일리스트
자격증 따기

네일리스트는 전문 직업이다. 창업자가 네일리스트를 고용해 네일숍을 운영할 수도 있지만, 보통 네일숍을 창업하는 이들은 대부분 그 자신이 네일리스트이다. 그래서 보통 네일숍 창업은 네일아트 자격증을 취득하는 것부터 시작된다.

네일협회에서 발급하는 자격증이 있어야만 네일숍을 열 수 있다.

　네일리스트가 되려면 대학에서 미용 관련 학과를 졸업하거나 미용사 면허(자격증)를 따야 한다. 공중위생관리법 시행령에 따르면 '미용'에는 파마, 머리카락 자르기, 머리카락 모양내기, 머리 피부 손질, 머리카락 염색, 머리 감기, 눈썹 손질, 얼굴 손질 및 화장 외에 손발톱 손질도 포함된다. 네일리스트 국가자격증 시험이 치러지기 전까지는 피부미용사 자격증이나 민간 네일협회에서 발급하는 자격증이 있어야만 네일숍을 열 수 있다. 이 때문에 자격증이 없는 창업자들은 자격증을 가진 네일리스트를 고용해 영업해왔다. 일부에서는 화장품 판매업으로 신고하고 영업하기도 하지만 이는 엄연히 불법이다.

　네일숍 창업을 준비하는 창업자라면 네일리스트 국가자격

증을 취득해두는 것이 좋다. 2013년 10월 '공중위생관리법 시행령 개정안'이 의결되면서 네일미용사 국가자격 시험 시행에 관한 법이 2014년 4월 입법 예고되어 10월 법 시행을 앞둔 상황이다. 이르면 2015년도 상반기에는 네일미용사 자격증을 딸 수 있다.

네일리스트 국가자격 시험은 2014년 상반기에 시험의 윤곽이 어느 정도 드러난 상태이다. 민간 자격증처럼 급수가 정해져 있지는 않지만 네일리스트 2급 시험에서 다뤄졌던 내용을 중심으로 젤 아트와 에어브러시 등의 시술이 추가될 것으로 보인다. 필기시험은 네일개론과 중증위생관리학, 네일실전기술 등 3과목으로 치러지며 실기는 네일미용실무를 중심으로 진행된다.

국가자격증 취득에서 연장법 기술을 익혀야만 합격할 확률이 높아진다.

실기시험은 실제 네일숍에서 활용할 수 있는 시술 능력을 중점적으로 평가하는데 기본 네일케어를 비롯해 컬러 바르기, 셰이프 Shape와 파일링 Filing, 실크랩핑 Silk Wrapping 등 시술 과정을 망라한다. 세부적으로는 습식 매니큐어를 기본으로 손을 소독하고 오래된 팔리쉬를 제거하는 과정, 손톱 모양을 잡고 매끄럽게 다듬는 버핑 Buffing과 큐티클 정리, 마사지, 팁 제거 등이 평가 항목이다.

국가자격증 취득을 준비할 때 반드시 익혀야 하는 기술이 바로 연장법이다. 턱 제거, 필러 및 실크 팁 붙이기 등 3~4가지 연장법 기술을 숙지하지 않으면 실제 시험에서 감점될 확률이 높다. 연장법은 민간자격 취득 과정에서도 수강생들이 가장 어려워하고, 또 많이 실수하는 부분이기도 하다.

네일미용사 국가자격 시험을 대비하는 학원에서는 저마다 3~4개월 코스로 자격증 대비반을 운영하고 있다. 기존에

창/업/포/스/트/잇

내일배움카드제로 네일아트 무료로 배우자

내일배움카드제는 실업자의 직업 능력을 향상시켜 취업 지원에 도움을 주려는 제도로 기간제, 단기간, 파견, 일용직부터 이직 예정 근로자, 무급휴직, 휴업자 등을 대상으로 한다. 1인당 계좌 한도는 500만 원으로 네일아트 기초 과정과 자격증 취득 과정을 무료로 배울 수 있다. 고용노동부에서 운영하는 직업훈련정보망(www.hrd.go.kr)에 접속하면 내일배움카드 발급 방법을 안내받을 수 있다.

1~2급 과정과 연구반을 운영했던 것이 국가자격 시험이 새로
생기면서 자격증 취득을 위한 과목만을 골라 실습해주는 자격
증 취득반으로 확장되었다. 네일미용사 자격 과정에서 창업 과
정을 다루는 학원이 있는가 하면, 창업반과 자격증 취득반을
별도로 운영해 전문성을 강조하는 학원도 있다.

젤네일을 기본 과정에 포함하는가에 따라 실습 대비 기간이
다르지만, 보통은 2~3개월 과정으로 운영한다. 수강료는 50만
원대 중반부터 120만 원대 전후로 학원마다 편차가 있다. 현재
네일리스트로 일하고 있다면 기본 케어와 차별화된 에어브러
시(네일아트)를 배워두면 유리하다.

미용자격을 취득했다면 사업장 주소지 관할 구청에서 미용
업 면허를 신고해야 한다. 그 후 보건소에서 미용업 영업 신고를
한 뒤 세무서에 사업자 등록을 하면 신고 절차가 모두 끝난다.

핵 / 심 / 포 / 인 / 트 / 요 / 약

1. 화장품 판매업 신고는 불법이다.

네일리스트 국가자격증 시험이 치러지기 전까지는 피부미용사 자격
증이나 민간 네일협회에서 발급하는 자격증이 있어야만 네일숍을 열
수 있다. 일부에서는 화장품 판매업으로 신고하고 영업하기도 하지만
이는 엄연히 불법이다.

2. 네일리스트 국가자격증을 취득해두는 것이 좋다.

2013년 10월 '공중위생관리법 시행령 개정안'이 의결되면서 네일

미용사 국가자격 시험 시행에 관한 법이 2014년 4월 입법 예고되어

10월 법 시행을 앞둔 상황이다. 이르면 2015년도 상반기에는 네일미

용사 자격증을 딸 수 있다.

네일숍 창업에 필요한 신고 절차 요약·정리

● 미용업 면허 취득 절차
신청 기관: 관할 구청(시청) 민원봉사실
필요한 서류: 미용사국가기술자격증 사본 1부(또는 이에 준하는 서류, 자격
인정 교육기관 졸업증명서 등), 6개월 이내의 건강진단서 1부, 반명함 사진
(3X4) 2장, 신분증

● 미용업 영업 신고 절차
신청 기관: 관할 구청 보건소(공중위생과)
필요한 서류: 영업 신고 서식 및 설비 개요서(해당 기관에 비치된 서류 작
성), 임대차계약서 원본, 미용업 면허증 원본, 면허세 납부증명서, 위생교육
필증(신고 후 6개월 이내)
*이때 영업 장소인 건물은 건축물대장 상 제1종 근린생활시설일 때 가능,
그 외에는 불허, 용도 변경이 가능하면 용도를 변경해야 함.

● 사업자 등록 절차
신청 기관: 관할 세무서
필요한 서류: 신분증과 미용업 영업신고증, 임대차계약서 원본

04

숍인숍이냐 로드숍이냐,
그것이 문제로다

설렁탕 가게에서 해물탕을 메뉴에 올린다고 하자. 사장은 설렁탕 가게 주변에 사무실이 밀집돼 있고, 술 손님이 늘어날 것으로 예측해 추가 메뉴를 개발했다. 과연 이 매장은 전보다 매출이 더 늘어날까?

미용실 안에 있는 네일숍

　네일숍과 다른 뷰티 업종을 겸하는 것도 이와 비슷한 문제다. 네일숍을 운영하는 사장들은 겨울철 네일아트 비수기 때 떨어진 매출을 만회하기 위해 속눈썹 시술이나 피부관리 시술을 병행하기도 한다. 꼭 비수기가 아니더라도 매출이 떨어지면 '속눈썹을 같이 해볼까?', '태닝도 해볼까?' 하는 유혹이 찾아온다. 메뉴를 다양하게 추가하면 더 많은 고객을 끌어올 수 있기 때문이다. 실제 피부관리부터 속눈썹까지 소화해내는 네일숍도 많다.

　한 가지 업종만 할 것인지, 여러 업종을 겸할 것인지는 선택의 문제다. 정해진 답은 없다. 앞서 예로 든 설렁탕 집을 다시 보자. 독특한 메뉴를 특화시키면 설렁탕 매출 저하에서 오는 부족분을 만회할 수도 있을 것이다. 그전과 달리 다양한 계층의 고객이 편안하게 찾을 수 있는 한식집으로 홍보할 수도 있다. 반면 음식점 자체의 특화된 경쟁력은 사라질 수밖에 없다. 즉 '설렁탕전문점'에서 '한식집'으로 색깔이 흐려질 수 있다는 얘기다. 네일숍도 마찬가지다. 매출을 더 올리겠다는 생각에서 미용실과 네일숍을 함께 운영할 수 있지만 그렇게 되면 네일숍의 전문성은 다소 떨어진다.

숍인숍 창업을 부정적으로 보는 네일숍 사장들의 입장도 이와 비슷하다. '뷰티토털숍'이라는 명목을 내걸면 전문 네일숍의 특색을 잃어 정체성이 사라질 수 있다는 것이다. 어떤 이는 네

오피스텔 구조로 된 네일숍

일아트가 뷰티숍에 속한 서비스 분야로 인식되는 것에 거부감을 갖기도 한다. 네일아트도 엄연히 시장이 형성돼 있는데 뷰티숍이나 헤어숍의 하위 범주로 취급돼서는 안 된다는 것이다.

나만의 경쟁력으로 영업하고자 하는 욕심을 가진 창업자라면, 숍인숍 창업을 마음에 들어 하지 않는 게 사실이다. 독자적으로 간판을 내걸 수 없고 영업시간도 마음대로 할 수 없는 숍인숍의 한계 때문이다. 실제 숍인숍 창업을 한 이들 중에는 독립 매장으로 이전하는 사람도 많다. 하지만 적은 비용으로 위험 부담을 줄이면서 네일숍 개업을 준비하고 싶다면 숍인숍 창업이 효율적이다. 취미로 네일아트를 시작해 경험을 쌓고 창업을 준비하는 이들에게는 권할 만하다.

네일리스트도 아니고 창업 경험도 없지만 네일숍을 꼭 해보고 싶다는 사람이 있다. 그러나 그런 사람들은 네일숍에서 일해본 경험이 없으므로 창업하고 싶어도 무엇을 어떻게 시작해야 할지 막막해한다. 네일숍 경력이 있는 네일리스트는 기술을 갖추고 있고 네일숍 운영에 필요한 집기와 재료가 무엇인지 알고 있어서 상대적으로 창업이 수월하다. 하지만 네일숍 경험이 없는 이들은 재료와 인력 구인, 네일숍 경영에 관해 전문가의 도움을 빌려야 한다. 프랜차이즈 네일숍 창업은 그 대안이 될 수 있다.

국내에서 네일 프랜차이즈 창업이 본격화된 지는 불과 5년밖에 되지 않았다. 외식 분야처럼 오랜 세월 안정된 시스템을

나에게 꼭 맞는 네일숍, 어떻게 정하지?

로드숍

가장 보편적인 형태의 네일숍 창업으로 매장의 노출 효과가 큰 장점을 갖고 있다. 특히 번화가나 지하상가 등 유동 인구가 풍부한 곳에 있는 네일숍은 점주의 영업력에 따라서 많은 매출을 올릴 수 있으며 브랜드 파워가 생긴다. 하지만 네일숍 규모에 맞는 점포를 구하기 어렵고 임대료와 권리금이 크다는 단점이 있다.

오피스텔

보증금과 월세 부담에서 벗어나 개인사업자 등록을 내고 영업할 수 있다. 오피스텔 창업의 장점은 출장 네일이 가능하며, 오피스텔이 입주한 건물 내에 있는 주민이나 회사원을 상대로 영업할 수 있다는 점이다. 투자 대비 매출이 효율적이라서 소자본 창업에 적합하지만 오피스텔에 입주한 세대수에 따라서 매출이 달라질 수 있다는 점에 유의하자.

숍인숍

숍인숍 창업은 가게 안에 점포를 따로 내는 창업 형태로 대형 마트나 백화점 내에 있는 가게를 떠올리면 된다. 숍인숍 창업은 임대 매장의 인프라를 활용하기 때문에 인테리어 비용과 임대료 등 초기 투자 비용이 적게 드는 장점이 있다. 기존 점포 방문객을 자신의 고객으로 만들 수 있기 때문에 매장을 홍보하는 부담이 적다. 하지만 네일숍과 관련 있는 업종에만 들어갈 수 있으며 고정 고객이 확보된 백화점이나 마트라면 입점이 쉽지 않다는 단점도 있다.

구축한 프랜차이즈 업체들이 많지 않은 게 현실이다. 네일아트 쪽과는 무관한 일부 회사가 시장성만 보고 네일 프랜차이즈 사업에 뛰어들기도 한다. 그러므로 전문성을 갖춘 프랜차이즈 기업을 찾을 때는 신중해야 한다. 프랜차이즈 네일숍 가맹점 창업은 가능성과 한계를 동시에 갖고 있다. 본사에서 홍보하는 내용을 그대로 믿고 창업했다가 낭패를 겪는 사례도 있다. 창업자가 네일숍 운영을 프랜차이즈 회사에 일방적으로 맡기기만 한다면 네일숍의 성공 가능성은 낮아진다.

프랜차이즈 가맹점 창업의 장점은 창업 준비 시간이 단축되고 투자비 대비 효율적인 창업이 가능하다는 것이다. 네일숍 운영에 필요한 재료 공급에서부터 기술 지원, 상권 분석, 인테리어 컨설팅, 경영 노하우 전수, 마케팅 지원 등 프랜차이즈 본사의 집중된 역량을 활용해 관리해주기 때문에 장사 경험이 없는 창업자들에게 유리하다. 네일숍에서 이뤄지는 다양한 시술 서비스에 관한 노하우를 전수받을 수 있는 데다 전문 인력을

할인마트 안에 있는 네일숍

지원해주는 장점까지 갖추고 있다.

하지만 프랜차이즈 창업이라고 해서 누구나 돈을 벌 수 있는 구조는 아니다. 창업자 자신이 프랜차이즈 본사와의 파트너십을 활용해 네일숍을 창업하는 것은 좋지만, 프랜차이즈 시스템이 창업 성공을 보장해주는 것으로 착각해서는 안 된다는 뜻이다. 아무리 뛰어난 프랜차이즈 시스템을 갖추고 있어도 네일숍의 경쟁력을 만들어내는 건 전적으로 창업자의 몫이다.

네일라인 심영광 대표는 프랜차이즈 가맹을 할 때 입점률과 보장수익률보다 중요한 게 폐점률이라고 했다. 가맹만 하면 무조건 돈을 벌 수 있다는 착각에 빠져서는 안 된다. 홈페이지의 수익률만 보고 프랜차이즈 업체를 선정하는 건 성급한 일

지하철 역사 안에 있는 네일숍

이다. 수익률 수치는 무엇을 기준으로 하느냐에 따라 업체마다 다를 수 있기 때문이다. 프랜차이즈 가맹을 결심했다면 최소한 3~4번가량 본사를 방문해 여러 차례 상담을 받고 눈에 띄는 특징은 무엇인지 꼼꼼히 따져보라.

네일숍 창업 전문가들은 먼저 네일숍에서 경험을 쌓은 뒤, 프랜차이즈 업체들의 특성을 분석해 가맹을 결정하라고 권한다. 창업을 앞두고 3~6개월 정도 네일숍에서 근무하면 네일숍 운영 시스템이나 매출 구조 등에 관해 자세히 알 수 있고 네일숍 운영 지원에 꼭 필요한 내용을 판단할 수 있다.

프랜차이즈 가맹점을 선택할 때는 본사의 운영 매뉴얼을 반드시 참고해야 한다. 운영 매뉴얼에는 프랜차이즈 업체가 제공하는 기술 및 마케팅 교육 등 창업 지원에 관한 내용이 망라돼 있다. 체계적인 창업 시스템을 갖춘 회사라면 운영 매뉴얼이 있기 마련이다. 본사의 창업 설명회에 참석해 지원 시스템을 꼼꼼하게 분석해보고, 기회가 된다면 회사 대표를 직접 만나서 경영 철학과 네일 업계와 관련된 정보를 들어보는 것도 좋다. 프랜차이즈 회사 대표의 경영 철학은 곧 네일숍 가맹점의 경영 방침과 연계돼 있다.

간혹 중도에 계약을 해지해도 계약 만기까지 가맹 본부에 로열티를 지불하라고 요구하는 프랜차이즈 업체도 있으므로 주의한다. 계약 기간 동안 아무 일 없이 사업을 유지하면 다행이지만 사업 전망은 누구도 장담할 수 없다.

 왕초보 사장을 위한 창업 노하우

프랜차이즈 가맹 시 확인해야 할 사항

1. 가맹비 외에 로열티를 별도로 받는가?

로열티는 프랜차이즈 브랜드를 사용하는 대가로 책정된 비용이다. 개점 이후에도 가맹점의 영업 지원을 돕는 명목으로 책정된 금액이기도 하다. 만약 프랜차이즈 로열티를 받지 않는다고 하면 이유는 무엇인지, 로열티를 내지 않고도 가맹점의 영업을 어떻게 지원받을 수 있는지 따져보라.

2. 본사의 운영 매뉴얼을 확인하라.

프랜차이즈 사업 모델은 본사(가맹 본부)의 성공 매뉴얼을 그대로 복제하는 것이다. 직원 관리, 영업 관리, 고객 관리, 매장 관리 매뉴얼 등의 내용을 확인하고 실제 매뉴얼대로 시행되고 있는지 점검해본다.

3. 가맹점주의 말을 들어보라.

실제 해당 프랜차이즈에 가맹한 뒤 영업하고 있는 가맹점주의 말을 들어봐야 한다. 창업 전후의 차이점이나 실제 매출 규모 등 가맹 계약서의 기밀준수사항에 저촉되지 않는 범위 내에서 프랜차이즈 본사의 가맹 담당 직원에게 들을 수 없는 유용한 정보를 얻을 수 있다.

4. 계약서를 꼼꼼하게 검토하라.

가맹계약서는 업체마다 조금씩 다르다. 계약서의 분량이 많은 곳은 수십 장에 이르기도 한다. 계약서 분량과 관계없이 가맹 관련 내용이

5000만 원으로 잘나가는 내입숍 창업하기

빠짐없이 들어가 있는지 확인해야 한다. 계약 내용이 이해되지 않으면 계약 담당자의 설명을 요청하고 궁금한 내용을 질문한다. 계약 내용을 수정하거나 삭제해야 한다면 가맹 본부에 이를 요청한다.

창업비 줄여주는 네일 협동조합

네일 업계도 예비 창업자나 네일숍 운영자들을 위한 권익단체가 있다. 네일숍 운영자들의 실질적인 권익 추구를 위한 권익단체를 찾는다면 협동조합을 방문해보자.

2013년 출범한 이아인협동조합(www.einkorea.com)은 네일숍 경영인들의 협동조합으로 소상공인진흥원의 교육 지원으로 만들어진 단체다. 네일 업계에 종사했던 이들이 모여 네일숍 창업자들의 실익을 위한 각종 홍보 및 지원 활동을 펼치고 있다. 창업 상담과 상권 개발, 인테리어 시공, 디자인, 운영기술 교육 등 네일숍 창업에 필요한 전 과정을 상담해준다. 조합 측에서는 이를 소셜 프랜차이즈(Social Franchise: 공익을 목적으로 하는 가맹 체계)로 정의한다. 프랜차이즈 창업을 부담스러워하는 예비 창업자들을 대상으로 비용 부담을 줄이고 쉽게 네일숍을 창업할 수 있도록 도와주는 공익적 성격을 가진다.

네일숍 협동조합이 네일숍 창업을 지원하는 방식은 독특하다. 매달 조합비를 내면 네일숍 창업에 필요한 분야를 파트별로 지원받을 수 있는데, 분야별 전문가들이 기술 교육과 상권 분석, 인테리어 지원, 마케팅까지 합리적인 비용으로 창업할 수 있도록 도와준다. 입지 분석을 할 때 창업자의 자금에 맞는 지역을 선정해주거나 네일숍 창업자들이 가장 어렵고 부담스러워하는 인테리어의 경우, 유명 재료 도매상과 제휴를 맺고 낮은 단가로 자재를 가져와 저렴한 비용으로 시공해주기도 한다. 인테리어를 직접 맡기면 조합에서 소상공인진흥원의 지원을 받아 개발한 3D 디자인 매뉴얼로 예비 창업자들에게 맞춤형으로 설계해준다. 자금이 적으면 적은 대로, 많으면 많은 대로 마감재를 조절해 단가를 맞춘다. 모든 창업 절차에서 강요가 없고, 예비 창업자의 선택이 존중된다는 게 장점이다.

10평을 기준으로 네일숍을 창업했을 때 평균 창업 비용이

속눈썹 매장 안에 있는 네일숍

1700~1800만 원대에서 가능하다. 각종 집기와 재료비까지 포함하면 2300~3000만 원대의 소자본 창업이 가능하다. 현재 네일숍을 운영하는 이들도 조합원에 가입해 마케팅 및 기술 교육 등 다양한 지원을 받을 수 있다.

핵 / 심 / 포 / 인 / 트 / 요 / 약

1. 취미로 시작했다면 숍인숍 창업부터 시작하라.

적은 비용으로 위험 부담을 줄이면서 네일숍 개업을 준비하는 사람에게는 숍인숍 창업이 효율적이다. 월세와 권리금 부담이 없는 데다가 동업 매장으로 고객 유입 효과도 얻을 수 있다. 하지만 독자적으로 간판을 내걸 수 없고 영업시간도 마음대로 정할 수 없다는 한계가 있다. 취미로 네일아트를 시작해 경험을 쌓고 창업을 준비하는 이들에게는 권할 만하다.

2. 프랜차이즈 창업은 반드시 매뉴얼을 확인하라.

프랜차이즈 가맹점을 선택할 때는 본사의 운영 매뉴얼을 반드시 참고해야 한다. 운영 매뉴얼에는 프랜차이즈 업체가 제공하는 마케팅 및 기술 교육 등 창업 지원에 관한 내용이 망라돼 있어 체계적인 창업 시스템을 갖춘 회사라는 걸 증명해준다.

05

입지 선정만 잘해도
절반은 성공

네일숍은 입지가 매우 중요하다. 어떤 이는 입지 선정을 간과한 채 네일아트 실력만

있으면 성공할 수 있으리라고 생각하지만 이는 매우 단순한 생각이다. 네일숍 역시

엄연한 장사이고 장사가 잘되는 사업장은 보통 유동 인구가 확보된 상권에 있다.

고객이 매장을 찾기 어렵다면 네일리스트의 실력이 아무리 좋아도 소용없다.

네일숍이 밀집돼 있는 강남 가로수길

다른 업종과 마찬가지로 네일숍 역시 성수기와 비수기가 있다. 보통은 1년을 기준으로 6~9월까지를 성수기로 보고 겨울인 11~2월까지를 비수기로 본다. 여름이 성수기인 이유는 무더운 날씨로 여성들의 노출 부위가 늘어나기 때문이다. 네일아트 시술은 물론 패디큐어를 하는 고객이 가장 많은 시즌이 여름철이다. 이 때문에 네일숍 창업자는 손님들을 본격적으로 맞는 여름 시즌에 맞춰서 창업하는 게 유리하다. 2월 말에서 3월에 네일숍을 연 뒤 3개월 동안 각종 이벤트와 홍보를 통해 단골을 확보한 상태에서 성수기를 맞는 게 이상적이다.

네일숍 창업에 알맞은 입지는 어떻게 골라야 할까? 입지는 네일숍을 창업하는 이들이 가장 고민하는 부분이기도 하다.

점포를 구하는 일은 가장 중요하면서도 어려운 문제이다. 창업자 마음에 드는 입지 좋은 점포는 권리금이 비싸다. 반대로 임대료가 저렴한 곳은 매장 접근성이 떨어지거나 주변 상권이 죽어 있다. 만약 저렴한 권리금에 입지가 좋은 곳이라고 해도 성급하게 계약해서는 안 된다. 가게를 얻기 전 '여기는 왜 이렇게 싸지?'라는 의문을 품다 보면 이유가 나오기 마련이다. 건물의 등기부를 확인하고, 주변 상인들에게 상권 상황을 물어가며 조사해보자. 권리금이 낮은 요인이 반드시 발견될 것이다.

상권 조사를 할 때는 인터넷으로 매물을 보는 것보다 발품을 파는 게 낫다. 이 과정에서 어느 정도는 부동산 지식도 필요하다. 현재 자신이 가진 자금에 맞는 최적의 점포를 얻기 위해

유동 인구가 많은 길모퉁이에 있는 매장이 유리하다.

네일숍 입지, 최적의 조건은?

네일협동조합에서 권하는 소자본 네일숍 창업 입지의 전제 조건은 주택가와 상업 시설이 있는 1~2차 상권으로 배후에 3000개가량의 세대가 확보돼 있고 보증금이 3000만 원, 월 임대료 150만 원 내외인 곳이다. 직원을 한 명 두고서 일할 때 최적의 평수는 10평 내외이며 이 조건을 만족한다면 매장의 월 매출은 1500만 원, 순수익은 500~600만 원을 얻을 수 있다.

서는 그만큼 노력을 쏟아야 한다. 마음에 드는 점포를 발견했다면 재빨리 계약하자. 판단은 신중하게, 결정은 신속하게 하는 것이 점포를 잘 구할 수 있는 노하우다.

상권은 수요 고객과 잠재 고객이 존재하는 영역이다. 매출과 직결되는 만큼 점포 주변의 상권을 이해하는 과정은 필수다. 상권을 보면 사업 전망을 어느 정도 판단할 수 있기 때문이다.

상권은 보통 소비자와의 거리에 따라서 1~3차 상권으로 분류한다. 고객의 60~70퍼센트를 포함하는 범위를 1차 상권이라고 하는데 대중교통에서 가까운 버스정류장이나 지하철역 주변에 있는 백화점, 로드숍 등이 여기에 속한다. 고객의 10~25퍼센트를 포함하는 2차 상권은 주변 도로에서 거리가 떨어진 배후 단지 등을 말한다. 3차 상권은 차로 20~30분 거리에 떨어져 있어 접근성이 가장 취약한 곳으로 주로 전문점이나 아울렛 단지가 위치한다. 네일숍은 3차 상권에는 맞지 않는 업종이다.

　네일숍 매장이 1차 상권에 있으면 유리하다는 건 누구나 아는 사실이다. 상권과 관계없이 1층에 있는 매장의 매출이 평균적으로 더 높다. 하지만 상권이 좋고 입지가 좋은 곳은 그만큼 임대료가 비싸다. 이 때문에 자신에게 맞는 최적의 입지를 정하려면 상권을 분석할 때 창업 자금 범위 내에서 입지 가능한 곳을 정하고, 상권의 지도를 그리는 일부터 시작해야 한다. 네일숍을 차리려고 하는 배후지 규모와 거주 인구, 소득 수준, 교육 수준, 주거 형태 등을 파악한 다음 지하철 역과 주거 단지, 대형 상업 시설, 학교 등 주요 시설을 중심으로 평일과 주말, 성별, 연령대, 시간대별 유동 인구를 분석한다.

건물 3층에 있는 네일숍

　유동 인구의 동선과 주변 교통 여건을 파악하고, 상권 내 업종 분포도를 분석함으로써 해당 상권의 특징을 쉽게 파악할 수 있다. 만약 대학생을 주요 고객층으로 한다면 대학가 주변이 적절하다. 주부들을 대상으로 삼는다면 아파트 단지 등 신도시 지역에 입지를 정한다.

상권은 고정적인 게 아니라 끊임없이 변한다. 2차 상권이 지하철역 개통이나 아파트 등 주거단지 입주, 지역 재개발 덕분에 1차 상권으로 바뀔 수도 있다. 혹은 백화점이나 대형 할인 마트 등 상업 시설이 들어설 때도 상권이 변한다. 이 때문에 상권의 특성을 파악할 때는 현재뿐만 아니라 미래의 잠재 고객 수요까지 파악하는 것이 좋다.

네일숍이 들어서는 곳은 대개 2000~3000세대의 주택가를 배후에 두거나 유동 인구가 있는 곳이다. 여유 자금이 있다면 건물 1층에 네일숍을 여는 것이 좋지만 여건이 좋지 않다면 2층이나 지하에 입주해야 한다. 단 이런 상황에서는 최대한 1차 상권에 입주하도록 노력해야 한다. 2차 상권에서 2층이나 지하에 네일숍을 여는 일은 되도록 피해야 한다. 유동 인구가 많지 않을뿐더러 주택 단지에 있는 네일숍은 가격대를 높게 책정할 수 없기 때문이다. 2층이나 지하에 매장을 얻고 싶다면 다른 매장과의 차별화를 위해 인테리어 비용에 투자해야 한다. 특히 매장이 지하에 있다면 환기 시설을 갖추어 냄새나 습기가 생기지 않도록 유의한다.

점포 계약 시 주의사항

자신에게 맞는 점포를 골랐다면 건물주와 점포 계약을 맺어야 한다. 목이 좋고 임대료가 적정한 점포를 골랐다고 하더라도 계약을 잘못하면 나중에 번거로운 일이 생길 수 있으니 가급적 신중하고 꼼꼼하게 계약서를 확인해야 한다.

점포 임대차 계약을 맺기 전에는 건축물 용도가 네일숍이 속한 미용업 용도와 일치하는지, 건축법에 어긋나는 부분은 없는지 확인해야 한다. 이는 건축물대장을 보면 확인할 수 있다. 네일숍은 제1종 근린생활시설군에서 제1종 근린생활시설로 표기돼 있어야 한다. 만약 제1종 근린생활시설이 아닌 상점이나 소매점, 혹은 음식점 등으로 표기돼 있다면 네일숍을 개업할 수 없다. 네일숍은 인허가가 필요하므로 계약 시 임대인에게 인허가 관련 업무에 협조해줄 수 있는지를 확인하고, 해당 사실을 특약으로 표시해두어야만 계약 이후에 문제가 생기지 않는다.

창 / 업 / 포 / 스 / 트 / 잇

임대료도 조건에 따라 협의할 수 있다

임대차 계약이든 권리금 계약이든 법적으로 정해진 금액 기준은 없다. 예컨대 상가가 오래 비어 있는 상태라면 주위보다 임대료를 낮출 수 있고, 인테리어 공사 기간에는 임대료를 내지 않는 조건을 내걸 수도 있다. 임대료 역시 월세가 아닌 매출 일부를 주는 곳도 있다. 임대차 계약 기간도 보통 2년이지만 10년을 잡고 물가 상승률을 고려해 매년 임대료를 몇 퍼센트씩 올리는 조건으로 계약하기도 한다. 중개수수료도 법정 상한선인 0.9퍼센트 이내에서 협의하는 것이며 반드시 0.9퍼센트로 정해야 하는 건 아니다.

같은 제1종 근린생활 시설이라도 상점 등으로 표기돼 있다면 용도를 변경해야 한다. 건축물 용도 변경은 건물에서 허가받은 업종을 바꿀 때 시행하는 것으로 큰 비용이 발생하므로 반드시 사전에 확인할 필요가 있다.

권리금을 꼭 내야 하느냐고 묻는 사람도 있다. 권리금은 법적으로는 '권리양수도계약'이라

권리금이 없는 신축 건물

고 하는데 각종 영업 자료 및 시설물들을 계약서 상에 기재하는 행위다. 불필요한 분쟁을 막기 위해서는 조세공과금에 관한 사항과 임대차 계약이 정상적으로 체결되지 않았을 때 조건 없이 계약을 해제할 수 있다는 내용을 특약 사항으로 꼭 넣어서 작성해야 한다.

권리금은 일명 '바닥 권리금'과 '시설 투자금'으로 나뉜다. 시설 투자는 매장에서 눈으로 보이는 부분에 얼마나 투자했는지를 보는 것으로 매장 인테리어나 시설 자재, 각종 집기 등을 확

인하면 된다. 흔히 임차인들이 문제 삼는 것은 바닥 권리금이다. 유동 인구가 많거나 핵심 상권이라면 바닥 권리금이 형성된다. 기존 업장을 인수했다면 자리를 빨리 잡을 수 있다는 이점이 있다. 하지만 일반 상권에서 네일숍이 아닌 다른 업종의 바닥 권리금이라면 고민해봐야 한다. 장사가 잘되는 매장이었다고 해도 업종이 달라지면 기존의 상권이 유지된다는 보장이 없기 때문이다.

또한 권리금을 정확히 알려면 고객 데이터와 실제 매출에 대해 사전 조사를 할 필요가 있다. 기존 업주와 주위 반경 안에 동종업을 하지 않는다는 조항을 넣어두는 것도 분쟁의 소지를 줄이는 방법이다.

핵 / 심 / 포 / 인 / 트 / 요 / 약

1. 네일숍은 여름 시즌에 맞춰서 창업하는 게 유리하다.

   2월 말에서 3월에 네일숍을 연 뒤 3개월 동안 각종 이벤트와 홍보 활동으로 단골을 확보한 상태에서 성수기를 맞는 게 이상적이다.

2. 건축물대장에서 용도를 반드시 확인하라.

   같은 제1종 근린생활시설이라도 상점 등으로 표기돼 있다면 용도를 변경해야 한다. 건축물 용도 변경은 건물에서 허가받은 업종을 바꿀 때 시행하며 큰 비용이 발생하므로 반드시 사전에 확인한다.

지하상가에 있는 네일숍

06

초기 비용,
얼마를 투자해야 할까?

네일숍을 창업하는 데 드는 비용은 입지와 매장 규모, 인테리어 비용에 따라 천차
만별이다. 생계형 창업을 준비하는 소자본 창업자들은 1억 이상의 자금을 투입하
기 어려운 경우가 많다. 그렇다면 소자본 네일숍 창업에서 초기 투자비용으로 적당
한 금액은 어느 정도일까? 네일숍을 이제 막 창업한 이들의 말을 들어보면 8평 매
장을 기준으로 했을 때 약 3000만 원(권리금, 보증금 제외)으로 시작하는 것이 가
장 무난하다.

의자와 책상, 거울 등 네일숍 매장에 반드시 있어야 할 인테리어 항목이 꽤 많다.

초기 투자비용에서 가장 큰 비중을 차지하는 부분은 바로 인테리어. 네일숍 창업자들은 인테리어 비용으로 얼마를 투자 했는지에 따라 창업 자금에서 1000만 원 이상 차이가 나기도 한다. 인테리어 비용으로 꼭 그렇게 많은 돈을 들여야 할까? 네일아트에서 인테리어가 차지하는 비중이 큰 만큼 쉽게 간과 할 부분이 아니다. 고객들이 최소 한 시간 이상을 머무는 공간 인 만큼, 단순히 서비스를 제공하는 것 이상으로 고객이 편안 하고 기분 좋게 느끼도록 해야 하기 때문이다.

인테리어 시공 비용은 저렴하게 했을 때 평당 100~150만 원 선이 무난하다. 만약 창업자가 인테리어 시공 경험이 있다면 도매상에서 직접 재료를 가져와서 공사 인력만 따로 쓸 수도 있다. 이 경우 인테리어 업체에 직접 시공을 맡기는 것보다 약 30~40퍼센트가량 비용이 절약된다.

인테리어 시공에서 가장 중요한 것은 A/S다. 시공 능력이 아무리 뛰어나도 인테리어에 문제가 생겼을 때 이를 꼼꼼하게 보수해줄 수 있는 업체는 많지 않다. 예를 들어 평당 100만 원으로 인테리어 시공을 맡겼다고 해도, 나중에 수리해야 할 부분이 많다면 이는 저렴하게 시공한 것이라고 볼 수 없다.

 왕초보 사장을 위한 창업 노하우

인테리어 업체 선정 시 주의사항

우선 믿을 만한 인테리어 회사인지 확인한다. 인터넷으로 회사 자료를 찾아보고 업체와 직접 접촉해 회사 소개 자료와 함께 실적 내역, 시공 사진 등을 요구한다. 네일숍을 시공해본 경험이 있는 회사인지도 중요하다. 네일숍을 시공해보지 않은 업체는 네일숍의 시스템이나 고객 동선, 테이블 크기 등에 대한 제대로 된 지식이 없어 그에 맞는 인테리어를 해주기도 어렵다.

인테리어 시공 전 계약서를 제대로 쓰는 것도 중요하다. 계약을 맺기 전 자세한 견적서를 보여주는지 확인하자. 계약 시에는 계약서 조항이 합리적인지, A/S가 확실한지, 공사 기간을 초과하거나 공사가 잘못되었을 때 손해배상을 해주는지도 꼭 확인해야 한다.

무조건 싸게 해준다는 말을 그대로 믿지는 말자. 싸게 해주는 게 꼭 좋은 것만도 아니다. 인테리어 시공비를 낮춘다면 업체 입장에서 이윤을 내기 위해 저렴한 금액에 맞는 자재를 사용할 수밖에 없다. 이렇게 되면 타일 대신 벽지를 쓰게 되고 조명에 형광등을 사용하는 등 전체 시공의 질이 떨어진다. 자신이 원하는 콘셉트를 정확히 표현해주고 조언해주는지, 샘플을 내는 과정에서 의뢰인의 생각을 얼마나 반영해주는지를 꼼꼼하게 확인한다. 공간을 최대한 효율적으로 활용하는 곳, 정형화된 스타일보다 점주의 요청을 반영하고 점주와 협의해 디자인을 수정·보완할 수 있는 업체를 고르는 것이 유리하다.

공사를 시작하기 전에는 의뢰인과 시공 업체가 한 번 더 만나서 이견을 조율해야 한다. 만약 공사 중 콘셉트나 설계 자체가 바뀌면 공사 기간이 늘어날뿐더러 매장 개업 일정에도 차질이 생긴다.

인테리어 비용 대비 효율을 극대화한 네일갤러리 매장

합리적인 시술 가격 정하기

네일숍을 개업하면 연령대와 특성에 따라 핵심 고객을 정해야 한다. 네일아트를 받는다고 다 똑같은 고객이 아니다. 주부나 직장인, 대학생에 따라 매장 영업 전략도 달라진다. 대학생 고객은 젊고 호기심이 많으며 네일아트 시술에도 적극적이지만 소비력이 크지 않다. 주부들은 화려한 디자인보다는 편안하고 부담스럽지 않은 네일아트를 선호한다. 주부들은 네일숍을 선택할 때 20~30대보다 네일리스트와의 관계를 더 중요시하는 경향이 있다. 직장인들은 고급스럽고 개성을 드러내는 디자인을 선호한다. 이 때문에 매출 극대화를 노리는 네일숍은 20~30대 직장인을 대상으로 삼는 경우가 많다.

네일숍은 물건을 파는 편의점과 달리 서비스를 제공하는 시간이 정해져 있다. 최소 30분에서 길게는 2시간 동안 시술을 하다 보면 장사가 잘되어도 하루에 시술할 수 있는 고객 수는 10명 안팎이다. 자칫 비싼 임대료를 주고 장사를 해도 '앞에서 벌고 뒤로는 밑지는' 네일숍이 될 수 있다는 얘기다. 이 때문에 처음 네일숍을 시작할 때는 적정 평수와 임대료 선을 마음속으로 정해놓아야 한다.

네일아트 시술 가격은 각 매장마다, 또 시술 수준에 따라 다르다. 네일숍에서는 컬러 시술을 1회 받을 때 평균 1만 원에서 1만 5000원을 받는다. 최근 유행하고 있는 젤네일의 경우 평균 5~10만 원대로 시장 가격이 형성돼 있다. 네일아트 시술이 과

연 어느 정도의 부가가치가 있는지도 점주마다 의견이 다르다. 하지만 분명한 것은 네일아트는 고객과의 '맨투맨 작업'이기 때문에 시간과의 싸움으로 수익이 갈린다는 사실이다. 네일숍 사장들은 기계가 네일아트를 대신해줄 수 없고, 한 손님을 상대하는 동안 다른 일을 할 수 없으므로 시술 시간을 얼마나 빨리 단축하느냐가 수익성의 척도라고 강조한다.

　미용실과 네일숍을 비교하면 네일아트 시술 적정 가격을 가늠할 수 있다. 네일아트는 여성들에게 헤어스타일 시술보다 나중 순위인 경우가 많다. 헤어스타일과 손톱 관리 중에서 어느 것을 먼저 하겠느냐고 묻는다면 대부분은 헤어스타일이라고

공간이 넓다면 테이블을 나누어 동시에 많은 손님을 받을 수 있다.

답할 것이다. 예를 들어 어떤 여성 고객이 머리와 손톱 관리에 20만 원을 쓴다면 염색이나 파마를 먼저 한 다음 네일아트를 한다. 네일아트를 먼저 하고 남은 돈으로 미용실에 갈 사람은 많지 않다. 아직 네일아트가 미용실보다 수요가 뒤처진다는 뜻이다. 이 때문에 네일 업계에서는 아트 네일의 특성을 살려 객단가를 높여야 한다는 주장이 힘을 얻고 있다. 네일아트의 예술적인 측면에 주목해 네일숍마다 독특한 아트 시술을 접목시켜 1회당 20~30만 원의 고가 시술을 대중화해야 한다는 것이다. 실제 일부 백화점이나 고급 네일숍에서는 젤네일의 수준을 높여 회당 40~50만 원가량의 비용을 받는다. 이때 20~30대 고객들보다는 30~50대, 즉 경제적 여유가 있는 소비층이 대상이 된다.

네일아트 시술의 가격 민감도는 가치 평가와 맞물린다. 네일라인 심영광 사장은 이를 벤츠와 마티즈의 차이에 비유한다.

창/업/포/스/트/잇

네일숍의 손익분기점은 언제?

초기 투자금을 회수하는 데 걸리는 시간은 매장마다 다르다. 일반적으로 네일숍이 자리를 잡고 월 매출 기준으로 손익분기점을 넘기는 시점은 개업 이후 3~6개월을 꼽는 이들이 많다. 네일숍 사장들은 매장을 개업한 뒤 단골 확보와 홍보하는 기간을 잡는다. 처음부터 초조하게 생각하지 말고 단골을 만든다는 생각으로 영업하다 보면 늦어도 6개월~1년 사이에 흑자로 전환할 수 있다.

수많은 네일 재료 중 고객을 만족시킬 수 있는 것을 신중히 골라야 한다.

고객들은 네일아트를 하고 돈을 냈을 때 과연 그 시술이 자신
이 낸 돈만큼의 가치가 있는지, 혹은 그 가치를 밑도는지 정확
히 알고 있다. 만약 네일숍에 온 고객에게 5만 원짜리 젤네일
을 3만 원에 해주었음에도 고객이 비싸다고 느낀다면, 네일리
스트가 고객에게 3만 원의 가치도 심어주지 못한 것이다. 반면
네일리스트가 5만 원짜리 젤네일을 시술했는데 10만 원의 가
치를 느낀다면 고객은 시술 가격을 싸다고 생각한다. 다시 말
해 시술 서비스에 대한 고객의 체감만큼 가격이 달라진다는 뜻
이다.

회원권 남용하면 매출에 타격

네일숍이 처음 문을 열면 보통 회원권을 할인 판매해 단골을 유치하는 경우가 많다. 하지만 회원권으로 현금 매출이 발생했다고 해서 무조건 좋아할 일은 아니다. 회원권은 점주로서는 빚이나 마찬가지다. 회원권 매출은 일시금으로 돈을 가불받아 고객에게 조금씩 갚아나가는 구조다. 네일숍 창업 붐이 일었던 1990년대에는 점주가 직원에게 회원 유치에 인센티브를 주는 식으로 회원권 제도를 활성화시켰지만 요즘은 상황이 달라졌다.

매출이 떨어져 문을 닫는 네일숍이 많아지면서 회원권 발급도 조심스러워졌다. 회원권을 발급할 때는 느낄 수 없지만 향후 불가피하게 매장을 닫게 되면 큰 손해가 발생한다. 회원권을 구매한 수십 명의 고객이 환불을 요구하면 감당할 수 없을 만큼 큰 비용이 된다. 이 때문에 네일숍 창업 초기에 지나치게 많은 회원권을 발급하는 일은 자제해야 한다.

매출이 떨어질 경우를 대비해 회원권 발급을 남용하지 않는 게 좋다.

1. 인테리어 시공비를 아껴라.

인테리어 시공 비용은 저렴하게 했을 때 평당 100~150만 원대가 무난하다. 만약 창업자가 인테리어 시공 경험이 있다면 도매상에서 직접 재료를 가져와서 공사 인력만 따로 쓸 수도 있다. 이 경우 인테리어 업체에 직접 시공을 맡기는 것보다 비용이 약 30~40퍼센트가량 절약된다.

2. 회원권 발급은 자제하라.

회원권을 발급할 때는 느낄 수 없지만 향후 불가피하게 매장을 닫게 되면 큰 손해가 발생한다. 회원권을 구매한 수십 명의 고객이 환불을 요구하면 한번에 감당하기엔 벅찬 비용이 발생한다. 이 때문에 네일숍 창업 초기에 지나치게 많은 회원권을 발급하는 일은 자제해야 한다.

손익분기점(BEP) 어떻게 계산할까?

● 손익분기점의 정확한 개념은 쉽게 말해 일정 기간 총수입과 총비용이 일치하는 점이다. 손익분기점을 기준으로 매출액이 그 이하일 때 손실이 나고 그 이상일 때 이익이 발생한다. 따라서 손익분기점은 장사에서 달성해야 할 최소 매출액을 보여주므로 창업자들이 가장 많이 신경 써야 하는 부분이다.

● **손익분기점 간편 계산법**
손익분기점을 계산하려면 모든 원가를 변동비와 고정비로 나눠야 한다. 변동비는 인건비나 재료비처럼 생산에 따라 늘어나는 비용이며 고정비는 생산이나 매출 증감과 관계없이 일정하게 나가는 비용을 말한다. 순익분기점 매출액을 계산하는 식은 다음과 같다.

손익분기점 매출액 = 고정비/(1−변동비/매출액)

07

단골 확보는
네일리스트에게 달렸다

네일숍을 처음 개업하고 나서 고객이 물밀 듯 들어오리라고 생각하는 사람은 없을 것이다. '처음이니까 당연히 손님이 없지.' '부족한 점은 차근차근 보완해나가면 될 거야.'

이런 마음으로 자신의 매장을 아끼는 것은 좋지만, 시간이 지나도 매출이 저절로 오른다는 보장은 없다. 네일숍이 자리를 잡고 단골가게로 성장하기 위해서는 반드시 챙겨야 할 부분이 있기 때문이다.

단골 확보를 위해서 재치 있게 명함을 메뉴판처럼 만들 수도 있다.

개업 이후 점주는 당장 수익이 나지 않더라도 초조해하지 않고 매장의 특징과 강점, 보완점을 검토해야 한다. 그 과정에서 매장을 성공적인 네일숍으로 만들기 위한 방법론을 자연스럽게 만들어나가야 한다.

네일숍을 운영하는 이들은 개업 후 중요한 요소로 좋은 상권, 네일리스트의 역량, 합리적인 가격, 쾌적한 매장, 이벤트 등을 꼽는다. 이 중에서 가장 중요한 부분은 바로 네일리스트의 역량과 서비스다. 네일리스트는 고객을 가장 먼저 만나는 가게의 얼굴이다. 고객이 네일리스트와 만나는 순간 네일숍의 인상이 결정된다. 고객이 네일숍의 단골이 되는 이유 또한 네일리스트와의 관계에서 비롯되는 경우가 많다.

네일리스트는 탁월한 시술 기술을 가지고 있어야 함은 물론, 고객을 소중히 여기는 서비스 정신도 반드시 갖춰야 한다. 네일숍을 방문하는 고객이 네일리스트를 평가할 때 '시술은 잘해도 서비스는 아마추어 수준'이라는 생각이 들지 않도록 해야 한다. 이는 네일숍뿐만 아니라 여타 업종에서도 동일하게 적용되는 원리다. 식당을 예로 들면 아무리 음식 맛이 좋아도 서비스가 형편없으면 고객들의 발길이 끊긴다. 반대로 음식 맛은 평범하지만 서비스가 좋다면 고객은 그 매장을 찾기 마련이다.

고객에게 만족을 주기 위해 네일리스트는 자신의 시술 능력을 향상시켜야 한다. 매 시즌별로 어떤 네일아트가 유행하는지 공부하고, 고객이 어떤 네일아트 시술을 요청해도 자신 있게

할인 쿠폰을 활용해 단골을 만드는 것도 중요하다.

시술해줄 수 있어야 한다. 프로다운 자세로 늘 새로운 패턴과 디자인을 연구하는 네일리스트에게는 고객이 끊이지 않는다.

네일아트를 모르는 이들이 시장성을 보고 뛰어들었다가 실패하는 사례가 많다. 네일숍 점주로서 네일아트에 기본 자질을 갖추었는가는 매우 중요한 문제다. 네일아트는 전문가에게 기술력과 서비스를 의존하는 업종이기 때문에 네일리스트의 자질이 사업 성패의 열쇠가 된다.

실력이 좋은 네일리스트를 직원으로 쓰면 되지 않을까? 네일아트를 모르고 창업하는 이들 중 네일리스트만 고용하면 장사가 잘되리라고 생각하는 이들도 있다. 하지만 사업주가 직접 시술하지 않아도 네일아트 기술과 지식을 반드시 갖추고 있어야 하는 이유가 있다.

우선 직원들의 인사 관리를 효율적으로 하기 위해서다. 네일리스트의 마음은 네일리스트가 헤아릴 수 있다. 단지 네일아트의 기술적 측면을 말하는 게 아니다. 네일숍 직원들은 사장을

롤모델로 삼는다. 사장의 네일아트 시술 능력과 네일숍 운영 노하우를 배워 창업하려는 직원이 많기 때문이다.

　사장이 네일아트에 대해 모른다면 직원이 시술과 관련된 질문을 해도 답할 수 없고 고객 응대에서 문제가 생길 때도 적절한 대처를 해줄 수 없다. 이는 곧 의사소통의 문제와 직결된다. 직원과 의사소통에 실패하면 네일숍을 성공적으로 운영할 수 없다. 직원들은 네일숍에서 기술을 습득하고 사장과 소통하고 싶어한다는 점을 간과해서는 안 된다. 이 때문에 네일아트를 배워 전문가급의 시술 실력을 갖추는 것이야말로 네일숍 창업을 준비하는 이들에게 꼭 필요한 요소다.

　네일라인 심영광 사장은 남자인 데다가 네일아트를 전혀 알지 못하는 상태에서 창업하기 어렵다고 판단해 직접 네일아트를 배웠다. 창업자가 네일아트의 원리를 아는지, 그렇지 않은지에 따라 실제 창업에서 큰 차이가 있다는 게 그의 생각이다. 전문 네일리스트를 두고 일하더라도 네일숍 운영에 관해 훤히 꿰뚫고 있지 않으면 직원들의 마음을 사로잡을 수 없다.

네일숍을 창업하기 전에 네일아트 시술 경험과 경영 노하우를 배워보자. 다른 네일숍에서 직원으로 일해보면 창업에도 큰도움이 된다. 매장의 수익 구조나 영업 노하우, 고객 관리 방법을 터득할 좋은 기회이기 때문이다. 취업하기에는 늦은 나이라고 생각한다면 최소한 네일아트를 배운 뒤 주변 사람들에게 끊임없이 반복해 실습하면서 실력을 쌓는 것이 좋다.

네일숍 경력이 많다고 해서 창업에서도 반드시 성공할 수 있는 건 아니다. 네일리스트로서 네일숍에서 일하는 것과 실제 네일숍을 창업하는 것은 전혀 다른 문제다. 네일리스트가 기술을 가진 전문가라면, 네일숍 점주는 네일아트 기술을 가진 경영자다. 네일리스트로 일하다가 네일숍을 창업한 이들 중에는 경영 능력이 없어서 네일숍 운영에 실패한 이들도 적지 않다. 네일숍 경영은 '전문 기술을 가진 사람이 시스템을 만드는 것'이다. 네일리스트가 전문 시술로 고객을 만난다면, 사장은 고객이 찾아오고 싶은 네일숍을 만들기 위해 차별화된 경쟁력과 규칙을 만드는 사람이다.

네일숍 사장이 되면 네일리스트 관리, 고객 응대, 세일즈, 재무 관리 등 해야 할 일들이 많아진다. 어느 한 가지라도 소홀하거나 무심하면 네일숍 운영에 타격을 받는다. 이런 상황에서 사장은 실력 있는 네일리스트를 고용하고, 매장의 운영을 안정적으로 꾸릴 수 있는 시스템을 만들어야 한다. 부득이한 사정으로 매장을 비울 때에도 고객들이 서비스를 받고 만족감을 누리는 데 아무 불편이 없도록 하는 게 사장의 몫이다.

네일숍만의 독특한 시스템을 만들기 위해서는 어느 한 가지에 특화된 경쟁력을 갖출 필요가 있다. 매장의 인테리어에 남다른 신경을 쓰거나 꼼꼼한 고객 관리로 차별화를 두는 것도 한 가지 방법이다. 지속적인 이벤트로 고객의 입소문 마케팅을 활용해 경쟁력을 키우는 네일숍도 있다.

입소문 마케팅을 위한 POP 광고 예

네일숍 홍보는 선택이 아닌 필수

고객들이 매장을 쉽게 찾아올 방법을 고민해야 한다. 블로그와 SNS를 통해 매장을 알리는 방법도 고려해본다. 광고를 본 모든 고객이 매장을 찾지는 않더라도 불특정 다수의 고객에게 매장이 있음을 알리는 것 자체가 홍보 활동이다. 잠재 고객을 창출하는 것도 네일숍의 성공 요소 중 하나다.

자영업자 중 많은 이들이 창업 이후 제일 먼저 사용하는 홍보 수단이 바로 전단이다. 지역 주민을 상대로 하는 업종에서 전단 배포는 가장 효과적인 영업 홍보 방식이다. 가게 이름과 위치, 전화번호, 그리고 할인 쿠폰이 인쇄된 전단을 1만 장 정도 인쇄해 동네 곳곳에 뿌린다고 하면 얼마나 효과가 있을까? 아쉽게도 네일숍 사장 중 전단 배포로 효과를 봤다고 하는 이들은 별로 없다. 상권의 특성에 따라 다르겠지만 최근에는 대다수 네일숍이 전단 배포를 홍보 방식으로 선호하지 않는다. 그렇다면 가게를 홍보하기 위해 네일숍 사장들이 가장 빈번하게 쓰는 수단은 무엇일까? 바로 시술 할인 행사다. 특히 요즘 유행하는 젤네일의 경우 경쟁 네일숍보다 염가로 시술 서비스를 제공해 고객을 끌어들이는 곳이 많다. 하지만 네일아트 시술 할인은 네일숍 창업자들에게 기회이면서 동시에 덫이 될 수도 있으니 주의해야 한다.

처음에는 무조건 가게를 알리기 위한 목적으로 30~40퍼센트 가격 할인 이벤트를 하지만, 홍보 기간이 끝나고 난 뒤에는 고객의 발길이 뚝 끊길 수 있다. 특히 할인 폭을 40퍼센트 이상, 나아가 반값 할인까지 끌고 갔다면 할인 행사가 끝난 뒤에 이를 정상가로 되돌리는 게 어려워질 수 있다. 고객들이 반값에 적응되면 정상가를 비싸다고 생각할 수 있기 때문이다.

네일숍 할인 이벤트에 대해서는 네일숍 사장마다 의견이 조금씩 다르다. 일부에서는 시장 가격이 정해져 있기 때문에 이벤트 기간이 끝난 뒤 정상가로 돌아가더라도 영업에는 지장이 없다고 주장한다. 할인 기간에 평상시와 동일한 서비스를 제공한다면 문제 될 게 없다는 의견도 있다. 할인 행사를 받아들이는 고객에게 '매장 홍보 기간에만 할인된다'고 명확히 인식시켜주면 된다는 뜻이다. 하지만 할인 행사 기간이 지나치게 길거나 애초에 고객에게 공지한 이벤트 기간을 임의로 연장할 경우, 네일숍에 대한 신뢰가 떨어질 수 있으므로 주의해야 한다.

 왕초보 사장을 위한 창업 노하우

소셜마케팅, 꼭 해야 할까요?

최근 주목받고 있는 마케팅 방법이 바로 소셜커머스를 이용하는 방법이다. 소셜커머스는 온라인이나 모바일을 통해 하나의 상품 혹은 서비스를 다수 소비자가 공동으로 구매함으로써 가격을 할인받는 방법이다. 티켓몬스터Ticketmonster나 위메이크프라이스Wemakeprice 등의 소셜커머스 사이트에서 참여 업체에 일정액의 수수료를 받고 소비자들에게 상품이나 서비스를 대신 판매하고 있다. 참가 업체는 광고비 명목인 수수료를 내고 노출 빈도가 높은 소셜커머스에 광고함으로써 홍보 효과와 매출 상승을 동시에 꾀할 수 있다. 네일숍을 처음 개업하거나 매장 입지가 불리한 네일숍은 소셜커머스를 활용해 고객을 유치하는 사례가 많다. 하지만 소셜커머스가 모든 네일숍에 도움이 되는 건 아니다.

소셜커머스는 수수료를 내고 네일 시술을 할인해줌으로써 많은 고객을 유치하는 데 목적이 있다. 하지만 단골을 유치해야 하는 네일숍 사장으로서는 자칫 일회성 이벤트에 현혹돼 뜨내기손님만 받는 결과로 이어질 수 있다. 저가 시술에 대한 서비스의 질 저하에 대한 우려도 있다. 단골 유치를 위해 고객 한 명, 한 명에게 최선을 다해야 하는 네일숍 사장이 단기 홍보에 집중하느라 정작 중요한 고객 관리를 소홀히 할 수 있다는 뜻이다. 이 때문에 소셜커머스 홍보를 염두에 두고 있는 사장이라면 매장 홍보와 고객서비스가 연계될 수 있도록 신경 쓸 필요가 있다. 고객이 "반값이라서 그런지 서비스가 다르고 불친절하다"고 느낄 만한 여지를 주어선 안 된다. 소셜커머스를 통해 고객을 유치하는 목적은 네일숍

을 찾는 고객을 매개로 더 많은 고객을 이끌어내기 위해서다. 따라서 고

객 수를 많이 유치하는 것보다 고객 한 사람에게라도 시술 서비스를 제

대로 해주는 것이 중요하다.

소셜커머스에서 할인된 가격으로 네일 시술을 할 자신이 없다면 블로그

체험단을 꾸려보는 것도 좋다. 블로그 체험단은 온라인에서 네일아트에

관심 있고 블로그 활동을 활발하게 하는 블로거들을 선정, 체험 이벤트

로 시술 후기를 블로그에 올리도록 하는 이벤트다. 뷰티 분야의 파워블

로거나 네일 관련 포스팅에 적극적인 블로거를 유치해 바이럴 마케팅을

시도한다면 비용을 줄일 수 있을뿐더러, 직접 마케팅보다 합리적인 비

용으로 홍보 효과를 극대화할 수 있다.

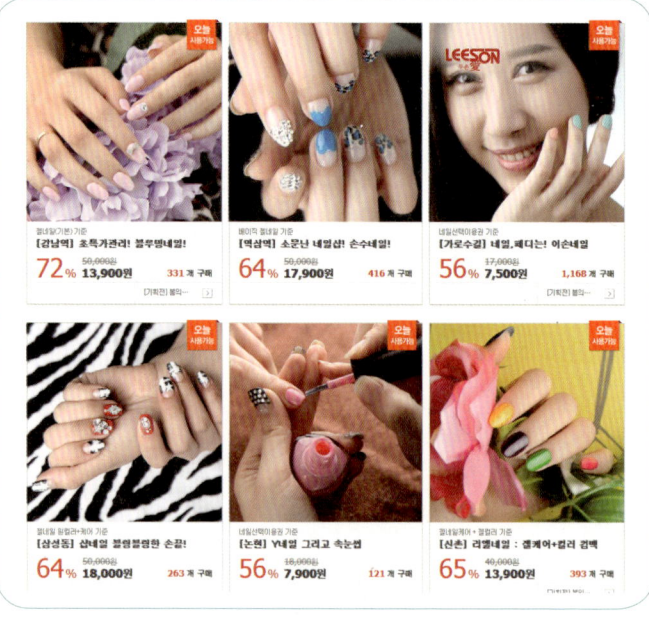

소셜커머스 광고 예

핵 / 심 / 포 / 인 / 트 / 요 / 약

1. 네일숍 창업 전 네일아트 시술 경험과 경영 노하우를 배우자.

다른 네일숍에서 직원으로 일한 경험은 창업에 큰 도움이 된다. 매장의 수익 구조나 영업 노하우, 고객 관리 방법을 터득할 기회이기 때문이다. 취업하기에는 늦은 나이라고 생각한다면 최소한 네일아트를 배운 뒤 주변 사람들을 대상으로 반복적인 실습을 통해 실력을 쌓는 것이 좋다.

2. 가격 할인 이벤트는 신중해야 한다.

가게를 알리기 위한 목적으로 30~40퍼센트 가격 할인 이벤트를 할 때는 손님들로 북적거려도 홍보 기간이 끝나고 난 뒤에는 발길이 뚝 끊길 수 있다. 특히 할인 폭을 40퍼센트 이상, 나아가 반값 할인까지 끌고 갔다면 할인 행사가 끝난 뒤에 정상가로 되돌리는 게 어려울 수 있다.

08

우리 가게에 꼭 맞는
네일리스트 뽑기

네일숍을 운영하는 점주들이 가장 애를 먹는 일 중 하나가 바로 직원 구인이다. 네일아트 수요는 점차 늘고 있는데 전문 네일리스트는 이에 못 미치고 있다. 이 때문에 네일리스트를 두고 네일숍을 운영하는 사장은 직원이 그만둘 때 대체 인력을 찾지 못해 진땀을 빼는 경우가 많다.

네일리스트 채용 카페 멘사의 메인 화면

네일숍 직원은 보통 겨울보다는 여름에 뽑기가 어렵다. 수요는 많은데 공급이 따라와주지 않기 때문이다. 성수기에 직원 한 명이 그만두면 매출에 타격이 올 수밖에 없다. 그래서 경험이 많은 네일리스트는 창업할 때 오랫동안 함께 일했던 동료나 후배 네일리스트와 함께 시작하는 경우가 많다.

네일리스트를 뽑을 때는 온라인 채용 사이트나 네일 관련 커뮤니티에서 구인 글을 올린다. 현실적으로는 채용 사이트보다 네일 커뮤니티를 애용하며 지인을 통해 소개를 받는 경우도 많다. 네일리스트가 국가공인자격으로 인정되기 전까지 커뮤니티 중심으로 구인구직 문화가 형성돼온 것이 사실이다. 전문 네일리스트를 양성할 만한 채용 시스템이 갖춰져 있지 않기 때문이기도 하다.

네일리스트는 헤어 디자이너와 달리 별도의 수습 과정이 없다. 네일 관련 학과나 아카데미를 수료하면 곧바로 네일숍에서 실무자로 일한다. 그러므로 네일숍 사장은 네일리스트 채용 전에 셰이프, 컬러 시술 등 네일리스트의 역량을 지원자의 경력과 현장 테스트를 통해 확인한다. 네일리스트의 작품이 있다면 경력직으로 볼 수 있지만 네일리스트의 경력을 이력서로만 평가해야 하므로 한계가 있다. 이 때문에 네일 업계 일각에서는 미용 업계처럼 스텝 제도를 도입하자는 주장을 하기도 한다. 스텝에서 헤어디자이너의 과정을 단계별로 차등화한 헤어숍처럼 네일숍에서도 같은 시스템을 도입해야 한다는 것이다.

빨간고양이 네일아트연구소 카페에는 네일숍 창업에 관한 다양한 정보가 있다.

네일리스트 채용 커뮤니티는 어디?

네일리스트들이 가입한 카페는 점주와 네일리스트의 징검다리 역할을 한다. 9만 4000여 명의 회원이 가입한 온라인 카페 '손톱나라 네일아트 디자인연구소(http://cafe.daum.net/sontopnara)'에는 하루에도 수십 건의 채용 정보가 올라온다. 신입보다 경력직을 선호하는 경우가 많다. 매장에서 곧바로 고객을 응대해야 하므로 시행착오 경험이 풍부한 네일리스트가 스카우트 1순위다.

점주가 내 마음처럼 일해줄 네일리스트를 뽑기란 쉬운 일이 아니다. 흔히 인재 찾기란 '숨은 그림 찾기'에 비유된다. 직원을 채용할 때는 네일숍 운영 경력이 많고 여러 직원을 상대해본 경험이 있는 사장의 조언을 듣는 것이 좋다. 네일 업계에서 흔히 인재로 평가하는 네일리스트는 서비스 정신이 강하고 고객들과 자유롭게 소통할 수 있는 사람이다. 네일아트 실력이 아무리 좋아도 고객과 마주 앉았을 때 고객이 불편해하는 네일리스트는 점장들이 뽑기 꺼려 하는 유형 중 하나다. 또한 자신을 프로로 인식하는 네일리스트, 고객의 수정 요청도 웃는 얼굴로 받아들일 수 있는 인성을 갖춘 네일리스트가 좋은 직원이다.

직원의 이직을 막고 점장과 네일리스트가 좋은 파트너십을 유지할 수 있는 방법은 무엇일까? 점장이 채용한 직원의 좋은 자질을 먼저 발견해주고, 직원의 역량을 극대화할 수 있도록 격려해주는 것이 그 출발점이다. 네일리스트들은 자신을 키워 줄 수 있는 네일숍에서 일하고 싶어한다. 또한 네일리스트 사이에서는 네일숍에 관한 정보 공유가 수시로 이뤄지고 있기 때문에 네일리스트를 소중히 대하고 직원들의 복지에 신경을 써야 평판이 좋아진다. 네일리스트가 성장할 수 있도록 이끌어주는 점주라면 인력 채용에 큰 어려움을 느끼지 않을 것이다.

창 / 업 / 포 / 스 / 트 / 잇

인건비 적정선으로 맞추기

네일숍 창업에서 인테리어 비용 다음으로 많은 비중을 차지하는 것이 인건비다. 혼자서 네일숍을 운영하면 좋겠지만 고객이 늘어나면 직원을 채용하지 않을 수 없다. 네일숍을 창업한 이후 매출에서 인건비가 차지하는 부분을 40~45퍼센트 정도로 맞추는 게 적당하다. 이를 밑돌면 직원들의 이직률이 높아진다. 임대료는 20퍼센트, 기타 잡비와 재료비를 10퍼센트로 맞추면 매출의 70~75퍼센트가 비용으로 지출된다. 점주가 가져가는 순수익은 25~30퍼센트 정도가 알맞다.

네일리스트 채용, 여기서 물어보세요

● **멘사(http://cafe.naver.com/sassinail)**
네이버 네일아트 대표 카페로 네일숍 창업과 셀프네일에 관한 정보가 담겨
있다. 네일리스트 구인구직이 이뤄지기도 한다.

● **빨간 고양이 네일아트(http://cafe.daum.net/redcatnail)**
네일아티스트 출신의 운영자가 네일숍 운영 현장에서 일어나는 생생한 실
무 이야기를 들려준다. 직원 채용은 물론 네일숍 직거래도 가능하며 네일
재료 거래도 이뤄지고 있다.

● **네일숍 창업 블로거 네일라인(http://blog.naver.com/nailine)**
가로수길 네일숍 네일라인 심영광 사장이 운영하는 블로그. 네일숍 창업의
특징부터 창업 유형별 장단점 등 심영광 사장 스스로 경험한 생생한 이야
기를 포스팅 해두었다.

5000만 원으로
잘나가는
네일숍 창업하기

1판 1쇄 인쇄 | 2014년 7월 10일
1판 1쇄 발행 | 2014년 7월 15일

지은이 한국창업컨텐츠연구소(KSCP)
펴낸이 김기옥

프로젝트 디렉터 기획1팀 모민원, 권오준
영업 박진모
경영지원 고광현, 이봉주, 김형식, 임민진

디자인 네오북
일러스트레이터 김홍철
인쇄 서정문화인쇄 | **제본** 서정바인텍

펴낸곳 한스미디어(한즈미디어(주))
주소 우편번호 121-839 서울특별시 마포구 양화로 11길 13 (서교동, 강원빌딩5층)
전화 02-707-0337 | **팩스** 02-707-0198 | **홈페이지** www.hansmedia.com
출판신고번호 제 313-2003-227호 | **신고일자** 2003년 6월 25일

ISBN 978-89-5975-712-1 13320

책값은 뒤표지에 있습니다.
잘못 만들어진 책은 구입하신 서점에서 교환해 드립니다.